中华人民共和国行业标准

公路沥青路面设计规范

Specifications for Design of Highway Asphalt Pavement

JTG D50—2017

主编单位：中交路桥技术有限公司
批准部门：中华人民共和国交通运输部
实施日期：2017 年 09 月 01 日

人民交通出版社股份有限公司

图书在版编目（CIP）数据

公路沥青路面设计规范. JTG D50—2017 / 中交路桥技术有限公司主编. — 北京：人民交通出版社股份有限公司，2017. 4

ISBN 978-7-114-13760-0

Ⅰ. ①公…　Ⅱ. ①中…　Ⅲ. ①沥青路面 – 路面设计 – 设计规范 Ⅳ. ①U416. 217-65

中国版本图书馆 CIP 数据核字（2017）第 075154 号

标准类型：**中华人民共和国行业标准**
标准名称：**公路沥青路面设计规范**
标准编号：JTG D50—2017
主编单位：中交路桥技术有限公司
责任编辑：李　农
出版发行：人民交通出版社股份有限公司
地　　址：（100011）北京市朝阳区安定门外外馆斜街 3 号
网　　址：http：//www. ccpress. com. cn
销售电话：（010）85285857
总 经 销：人民交通出版社股份有限公司发行部
经　　销：各地新华书店
印　　刷：北京市密东印刷有限公司
开　　本：880 × 1230　1/16
印　　张：6. 75
字　　数：150 千
版　　次：2017 年 4 月　第 1 版
印　　次：2024 年 12 月　第 8 次印刷
书　　号：ISBN 978-7-114-13760-0
定　　价：50. 00 元
（有印刷、装订质量问题的图书，由本公司负责调换）

中华人民共和国交通运输部

公　　告

第10号

交通运输部关于发布《公路沥青路面设计规范》的公告

现发布《公路沥青路面设计规范》（JTG D50—2017），作为公路工程行业标准，自2017年9月1日起施行，原《公路沥青路面设计规范》（JTG D50—2006）同时废止。

《公路沥青路面设计规范》（JTG D50—2017）由中交路桥技术有限公司主持编制。标准的管理权和解释权归交通运输部，日常管理和解释工作由中交路桥技术有限公司负责。

请各有关单位注意在实践中总结经验，及时将发现的问题和修改建议函告中交路桥技术有限公司（地址：北京市东城区安定门外大街丁88号江苏大厦，邮政编码：100011），以便修订时研用。

特此公告。

中华人民共和国交通运输部

2017年3月20日

交通运输部办公厅　　　　2017年3月22日印发

前　　言

随着公路建设的发展、沥青路面技术水平的提高、新材料和新结构的应用以及工程经验的积累，《公路沥青路面设计规范》（JTG D50—2006）（以下简称“原规范”）部分内容需修订完善。根据交通运输部《关于下达2011年度公路工程标准制修订项目计划的通知》（交公路发〔2011〕115号）要求，由中交路桥技术有限公司承担对原规范的修订工作。

本规范以国内外近年来研究成果和工程实践为依托，按继承与发展相结合的原则对原规范的交通与气候参数、设计参数、设计指标和相关性能模型进行了修订。

本规范由八章、七个附录构成，主要内容包括设计标准、结构组合设计、材料性质要求和设计参数、路面结构验算、改建设计和桥面铺装设计等。较原规范主要变化有：

1. 规范了轴载谱及交通参数的调查分析方法。

2. 引入了温度调整系数和等效温度。

3. 改变了路面材料的设计参数，调整了相应测试和取值方法。

4. 增加了沥青混合料层永久变形量、路基顶面竖向压应变和路面低温开裂指数设计指标，改进了沥青混合料层和无机结合料稳定层疲劳开裂预估模型，取消了路表弯沉设计指标。

5. 梳理了章节安排，突出了结构组合设计要求，规范了术语和符号。

本规范第1、2、3章由刘伯莹起草，第4章由孟书涛起草，第5章由牛开民起草，第6章和附录B由白琦峰起草，第7章由曹荣吉起草，第8章、附录D和附录E由王林起草，附录A由赵延庆起草，附录C由杨学良起草，附录F由孙立军起草，附录G由谈至明起草，路面弯沉分析相关条文由唐伯明起草，路面低温开裂分析相关条文由冯德成起草，沥青结合料类材料力学参数和沥青混合料层疲劳分析相关条文由虞将苗起草，赵队家参与第5章部分条文编写，台电仓参与附录C部分条文编写。

请有关单位在执行中，将发现的问题和意见，函告本规范日常管理组，联系人：刘伯莹（地址：北京市东城区安定门外大街丁88号江苏大厦，邮编：100011；电话：010-82016573，传真：010-82016573；电子邮箱：goodpave@163.com；网址：www.goodpave.com；微信公众号：goodpave），以便下次修订时参考。

主 编 单 位：中交路桥技术有限公司

参 编 单 位：交通运输部公路科学研究院
同济大学
江苏省交通科学研究院股份有限公司

重庆交通大学
华南理工大学
大连理工大学
山东省交通科学研究院
中交公路规划设计院有限公司
哈尔滨工业大学
山西省交通科学研究院
中交第一公路勘察设计研究院有限公司
主　　编： 刘伯莹
主要参编人员： 孟书涛　牛开民　孙立军　谈至明　曹荣吉　唐伯明　白琦峰
虞将苗　赵延庆　王　林　杨学良　冯德成　赵队家　台电仓
主　　审： 王秉纲
参与审查人员： 李　华　成　平　杨盛福　姚祖康　郑健龙　钱国超　王哲人
张肖宁
参 加 人 员： 韦金城　付建村　李　豪　朱洪洲　韩　萍　张晓燕

目　次

1　总则

1.0.1　为适应公路行业发展和公路建设的需要，提高沥青路面的设计质量和使用性能，保证工程安全可靠、经济合理，制定本规范。

1.0.2　本规范适用于各等级公路新建和改建工程的沥青路面设计。

1.0.3　应根据公路等级、路面使用性能要求和所需承担的交通荷载，结合当地气候、水文、地质、材料、建设和养护条件、工程实践经验以及环境保护要求等，进行结构组合、材料设计和厚度设计，通过技术经济分析选定设计方案。

1.0.4　路基应满足最低回弹模量要求，并应具有合适的干湿类型。应在调查掌握沿线路基土质和干湿类型的基础上，进行路基路面综合设计。

1.0.5　应结合当地条件和工程经验，积极稳妥地选用新技术、新结构、新材料和新工艺。

1.0.6　沙漠、膨胀土和盐渍土等特殊地区的路面设计，除应符合本规范的相关规定外，尚应考虑地区的特殊性，结合当地经验和成果，采取相应的技术措施。

1.0.7　沥青路面设计除应符合本规范的规定外，尚应符合国家和行业现行有关标准的规定。

2 术语和符号

2.1 术语

2.1.1 沥青路面 asphalt pavement

铺筑沥青面层的路面。

2.1.2 可靠度 reliability

路面结构在规定的时间内和规定的条件下完成预定功能的概率。要求设计结构达到的可靠度称作目标可靠度。

2.1.3 可靠指标 reliability index

度量路面结构可靠度的数值指标。本规范规定的作为路面结构设计依据的可靠指标称为目标可靠指标。

2.1.4 路面设计使用年限 design working/service life of pavement

在正常设计、施工、使用和养护条件下，路面不需结构性维修的预定使用年限。

2.1.5 设计轴载 design axle load

路面结构设计采用的计算轴载。

2.1.6 当量轴次 equivalent single axle loads

按当量损坏原则，将不同轴载的作用次数换算为设计轴载的当量作用次数。

2.1.7 当量设计轴载累计作用次数 cumulative equivalent single axle loads

在设计使用年限内，设计车道上当量轴次的总和。

2.1.8 封层 seal coat

路面结构中用以阻止水下渗的功能层。

2.1.9 黏层 tack coat

路面结构中起黏结作用的功能层。

2.1.10 透层 prime coat

用于非沥青类材料层上，能透入表面一定深度，增强非沥青类材料层与沥青混合料层整体性的功能层。

2.1.11 排水层 drainage layer

排除路面结构内部水的功能层。

2.1.12 防冻层 frost protection layer

路面结构中按防冻要求所设置的功能层。

2.1.13 路基平衡湿度 subgrade equilibrium moisture

路基湿度达到与周围环境相平衡的稳定状态时的湿度。

2.1.14 低温开裂指数 low temperature cracking index

表征沥青面层低温收缩开裂程度的指标。

2.2 符号

CI——低温开裂指数；

E——模量；

G^*——沥青动态剪切复数模量；

h——厚度；

l——弯沉值；

N——轴载作用次数；

P——轴载；

R——强度；

R_a——沥青混合料层永久变形量；

S_t——沥青劲度模量；

s——标准差；

T——温度；

ε——应变；

σ——应力；

β——目标可靠指标。

3 设计标准

3.0.1 路面结构的目标可靠度和目标可靠指标不应低于表3.0.1的规定。

表3.0.1 目标可靠度和目标可靠指标

公路等级	高速公路	一级公路	二级公路	三级公路	四级公路
目标可靠度（%）	95	90	85	80	70
目标可靠指标 β	1.65	1.28	1.04	0.84	0.52

3.0.2 新建沥青路面结构设计使用年限不应低于表3.0.2的规定，应根据公路等级、经济、交通荷载等级等因素综合确定。改建路面结构设计可根据工程实际情况选取适宜的设计使用年限。

表3.0.2 路面结构设计使用年限（年）

公 路 等 级	设计使用年限	公 路 等 级	设计使用年限
高速公路、一级公路	15	三级公路	10
二级公路	12	四级公路	8

3.0.3 路面设计应采用轴重为100kN的单轴—双轮组轴载作为设计轴载，计算参数按表3.0.3确定。应根据路面结构设计使用年限，按本规范附录A确定当量设计轴载累计作用次数。

表3.0.3 设计轴载的参数

设计轴载（kN）	轮胎接地压强（MPa）	单轮接地当量圆直径（mm）	两轮中心距（mm）
100	0.70	213.0	319.5

3.0.4 路面结构所承受的交通荷载应按表3.0.4进行分级。

表3.0.4 设计交通荷载等级

设计交通荷载等级	极重	特重	重	中等	轻
设计使用年限内设计车道累计大型客车和货车交通量（$\times10^6$，辆）	≥50.0	50.0～19.0	19.0～8.0	8.0～4.0	＜4.0

注：大型客车和货车为本规范附录A中表A.1.2所列的2类～11类车。

3.0.5 沥青路面设计应控制沥青混合料层疲劳开裂损坏、无机结合料稳定层疲劳开裂损坏、沥青混合料层永久变形量、路基顶面竖向压应变，以及季节性冻土地区的路面低温开裂。

3.0.6 路面使用性能设计指标应满足下列要求：

1 按本规范附录 B.1 和附录 B.2 计算的沥青混合料层和无机结合料稳定层的疲劳开裂寿命，均不应小于按本规范附录 A 确定的设计使用年限内当量设计轴载累计作用次数。

2 按本规范附录 B.3 计算的沥青混合料层永久变形量不应大于表 3.0.6-1 所列容许永久变形量。

表 3.0.6-1 沥青混合料层容许永久变形量（mm）

基层类型	沥青混合料层容许永久变形量	
	高速、一级公路	二级、三级公路
无机结合料稳定类基层、水泥混凝土基层和底基层为无机结合料稳定类的沥青混合料基层	15	20
其他基层	10	15

3 路基顶面竖向压应变不应大于按本规范附录 B.4 计算的容许值。

4 按本规范附录 B.5 计算的季节性冻土地区沥青面层低温开裂指数不宜大于表 3.0.6-2 所列数值。

表 3.0.6-2 低温开裂指数要求

公路等级	高速、一级公路	二级公路	三级、四级公路
低温开裂指数 CI，不大于	3	5	7

注：低温开裂指数 CI——竣工验收时 100m 调查单元内横向裂缝条数，贯穿全幅的裂缝按 1 条计，未贯穿且长度超过一个车道宽度的裂缝按 0.5 条计，不超过一个车道宽度的裂缝不计入。

3.0.7 高速公路、一级公路以及山岭重丘区二级和三级公路的路面在交工验收时，其抗滑技术指标应满足表 3.0.7 的技术要求。

表 3.0.7 抗滑技术要求

年平均降雨量（mm）	交工检测指标值	
	横向力系数 SFC_{60} [a]	构造深度 TD [b]（mm）
>1 000	≥54	≥0.55
500～1 000	≥50	≥0.50
250～500	≥45	≥0.45

注：[a] 横向力系数 SFC_{60}——用横向力系数测试车，在 60km/h ± 1km/h 车速下测定。

[b] 构造深度 TD——用铺砂法测定。

4 结构组合设计

4.1 一般规定

4.1.1 路面结构组合设计应针对各种路面结构组合的力学特性、功能特性及其长期性能衰变规律和损坏特点，遵循路基路面综合设计的理念，保证路面结构的安全、耐久和全寿命周期经济合理。

4.1.2 路面结构可由面层、基层、底基层和必要的功能层组合而成。面层采用不同材料分层铺筑时，可分为表面层、中面层和下面层。

4.1.3 在设计使用年限内，路面应不发生由于疲劳导致的结构破坏，面层可进行表面功能修复。

4.1.4 沥青结合料类材料层间应设置黏层；在沥青结合料类材料层与其他材料层间应设置封层，宜设置透层。

4.1.5 应采取路面结构的防水、排水措施，阻止降水渗入路面结构层。

4.2 路面结构组合

4.2.1 应根据交通荷载等级和路基状况等因素，结合路面材料特性和结构特性，选择路面结构类型。

4.2.2 路面结构类型可按基层材料性质分为无机结合料稳定类基层沥青路面、粒料类基层沥青路面、沥青结合料类基层沥青路面和水泥混凝土基层沥青路面四类。

4.2.3 路面结构的选用宜符合下列规定：

1 无机结合料稳定类基层沥青路面适用于各种交通荷载等级。

2 粒料类基层沥青路面适用于重及以下交通荷载等级。

3 沥青结合料类基层沥青路面适用于各种交通荷载等级。

4　水泥混凝土基层沥青路面适用于重及以上交通荷载等级。

4.2.4　路基湿度状态为中湿或潮湿时，宜采用粒料类底基层或设置粒料类路基改善层。

4.2.5　多雨地区，无机结合料稳定类基层和水泥混凝土基层沥青路面应采取措施控制唧泥、脱空等水损坏。

4.2.6　当采用无机结合料稳定类基层时，可采取下列一种或多种措施减少基层收缩开裂和路面反射裂缝：

1　选用抗裂性好的无机结合料稳定类基层。

2　增加沥青混合料层厚度，或在无机结合料稳定类基层上设置沥青碎石层或级配碎石层。

3　在无机结合料稳定类基层上设置改性沥青应力吸收层或敷设土工合成材料。

4.2.7　选定结构组合后，可根据交通荷载等级参考本规范附录C初选各结构层厚度。

4.3　路基

4.3.1　路基应稳定、密实和均匀，具有足够的承载能力。

4.3.2　多雨地区土质路堑和强风化岩石路段，应加强填挖交界处及路堑段的排水设计，改善路基水文状况。

4.3.3　岩石或填石路基顶面应设置整平层，厚度宜为200～300mm。

4.3.4　新建公路路床应处于干燥或中湿状态，并应采取措施防止地表水或地下水的侵入。

4.4　基层和底基层

4.4.1　基层和底基层应具有足够的承载能力、抗疲劳开裂性能、足够的耐久性和水稳定性。沥青结合料类和粒料类基层尚应具有足够的抗永久变形能力。

4.4.2　基层和底基层的材料类型可参照表4.4.2选用。

表 4.4.2　基层和底基层材料的适用交通荷载等级和层位

类　　型	材料类型	适用交通荷载等级和层位
无机结合料稳定类	水泥稳定级配碎石或砾石、水泥粉煤灰稳定级配碎石或砾石、石灰粉煤灰稳定级配碎石或砾石	各交通荷载等级的基层和底基层
	水泥稳定未筛分碎石或砾石、石灰粉煤灰稳定未筛分碎石或砾石、石灰稳定未筛分碎石或砾石	轻交通荷载等级的基层、各交通荷载等级的底基层
	水泥稳定土、石灰稳定土、石灰粉煤灰稳定土	轻交通荷载等级的基层、各交通荷载等级的底基层
粒料类	级配碎石	重及重以下交通荷载等级的基层、各交通荷载等级的底基层
	级配砾石、未筛分碎石、天然砂砾、填隙碎石	中等和轻交通荷载等级的基层、各交通荷载等级的底基层
沥青结合料类	密级配沥青碎石、半开级配沥青碎石、开级配沥青碎石	极重、特重和重交通荷载等级的基层
	沥青贯入碎石	重及重以下交通荷载等级的基层
水泥混凝土	水泥混凝土或贫混凝土	极重、特重交通荷载等级的基层

4.4.3　再生沥青混合料和再生无机结合料稳定材料可用于各交通荷载等级的基层和底基层，厂拌热再生沥青混合料宜用于极重、特重和重交通荷载等级的基层。

4.4.4　无机结合料稳定层与沥青结合料类材料层间可设置级配碎石、半开级配或开级配沥青碎石层。

4.4.5　不同材料基层和底基层厚度宜符合表 4.4.5 的规定。

表 4.4.5　基层和底基层厚度

材料种类	集料公称最大粒径（mm）	厚度（mm），不小于
密级配沥青碎石 半开级配沥青碎石 开级配沥青碎石	19.0	50
	26.5	80
	31.5	100
	37.5	120
沥青贯入碎石	—	40
贫混凝土	31.5	120

续表 4.4.5

材料种类	集料公称最大粒径（mm）	厚度（mm），不小于
无机结合料稳定类	19.0、26.5、31.5、37.5	150
	53.0	180
级配碎石 级配砾石 未筛分碎石、天然砂砾	26.5、31.5、37.5	100
	53.0	120
填隙碎石	37.5	75
	53.0	100
	63.0	120

4.4.6 沥青路面的水泥混凝土基层应符合现行《公路水泥混凝土路面设计规范》（JTG D40）的有关规定。

4.5 面层

4.5.1 面层应具有平整、抗车辙、抗疲劳开裂、抗低温开裂和抗水损坏等性能，表面层混合料尚应具有抗滑和耐磨损性能，密级配沥青混合料表面层应具有低透水性能。

4.5.2 面层材料类型宜按表 4.5.2 选用。

表 4.5.2 面层材料的交通荷载等级和层位

材料类型	适用交通荷载等级和层位
连续级配沥青混合料	各交通荷载等级的表面层、中面层和下面层
沥青玛蹄脂碎石混合料	极重、特重和重交通荷载等级的表面层、对抗滑有特殊要求的表面层
厂拌热再生沥青混合料	各交通荷载等级的表面层、中面层和下面层
上拌下贯沥青碎石	中等、轻交通荷载等级的面层
沥青表面处治	中等、轻交通荷载等级的表面层

4.5.3 对抗滑、排水或降噪有特殊要求的表面层可采用开级配沥青混合料，表面层下应设置防水层，防水层可采用改性乳化沥青或改性沥青等。

4.5.4 不同粒径沥青混合料的层厚应符合表 4.5.4 的规定。连续级配沥青混合料和沥青玛蹄脂碎石混合料的结构层厚度不宜小于集料公称最大粒径的 2.5 倍。开级配沥青混合料的结构层厚度不宜小于集料公称最大粒径的 2.0 倍。

表 4.5.4 不同粒径沥青混合料层厚

沥青混合料类型	以下集料公称最大粒径沥青混合料的层厚（mm），不小于					
	4.75	9.5	13.2	16.0	19.0	26.5
连续级配沥青混合料	15	25	35	40	50	75
沥青玛蹄脂碎石	—	30	40	50	60	—
开级配沥青混合料	—	20	25	30	—	—

4.5.5 沥青贯入碎石层的厚度宜为 40～80mm，乳化沥青贯入式路面的厚度不宜超过 50mm。上拌下贯式路面的拌和层厚度不宜小于 25mm。

4.5.6 沥青表面处治可分为单层、双层和三层。单层表面处治厚度宜为 10～15mm，双层表面处治厚度宜为 15～25mm，三层表面处治厚度宜为 25～30mm。

4.6 功能层

4.6.1 季节性冻土地区路面厚度不满足防冻要求时，应增设防冻层。防冻层宜采用粗砂、砂砾和碎石等粒料类材料。

4.6.2 地下水位高、排水不良的路段，有裂隙水、泉眼等水文条件不良岩石挖方路段，基层和底基层为非粒料类材料时，可在基层或底基层与路床间设置粒料层。粒料层应与路基边缘或与边沟下渗沟相连接，厚度不宜小于 150mm。

4.6.3 无机结合料稳定类或冷再生类材料结构层与沥青结合料类结构层之间应设置封层，封层可采用单层沥青表面处治或稀浆封层等。当设置改性沥青应力吸收层时，可不再设封层。

4.6.4 极重、特重和重交通荷载等级路面的黏层宜采用改性乳化沥青、道路石油沥青或改性沥青；中等和轻交通荷载等级路面的黏层可选用乳化沥青；水泥混凝土板与沥青面层间的黏层宜采用改性沥青。

4.6.5 单层表面处治封层的结合料可采用改性沥青、道路石油沥青或乳化沥青。改性沥青应力吸收层宜采用橡胶沥青。

4.6.6 粒料类基层和无机结合料稳定类基层顶面宜设置透层，透层沥青应具有良好的渗透性，可采用稀释沥青和乳化沥青等。

4.7 路肩

4.7.1 路肩结构组合和材料选用应与行车道路面相协调，不应影响路面结构中水的排出。

4.7.2 极重、特重和重交通荷载等级公路及冻土地区，硬路肩基层、底基层材料和厚度应与行车道路面相同。

4.7.3 三级和四级公路硬路肩可采用沥青结合料类材料或粒料。

4.8 路面排水

4.8.1 路面结构内部排水应与公路其他相关排水系统相衔接，并应符合现行《公路排水设计规范》（JTG/T D33）的有关规定。

4.8.2 采用开级配沥青混合料表面层，或设置粒料、开级配或半开级配混合料等排水层、防冻层时，可采用横贯整幅路基的形式，或设置边缘排水系统。

5 材料性质要求和设计参数

5.1 一般规定

5.1.1 路面材料应根据公路等级、交通荷载等级、气候条件、各结构层功能要求和当地材料特性等，在技术经济论证基础上进行设计并确定材料设计参数。

5.1.2 各结构层的原材料性质要求和混合料组成与性质要求，应符合现行《公路沥青路面施工技术规范》（JTG F40）和《公路路面基层施工技术细则》（JTG/T F20）的有关规定，并应结合工程特点和当地经验确定。

5.1.3 路面结构层材料设计参数的确定可分为下列三个水平：

1 水平一，通过室内试验实测确定。

2 水平二，利用已有经验关系式确定。

3 水平三，参照典型数值确定。

5.1.4 高速公路和一级公路的施工图设计阶段宜采用水平一，其他设计阶段可采用水平二或水平三；二级及二级以下公路可采用水平二或水平三。

5.2 路基

5.2.1 路基顶面回弹模量的确定应符合现行《公路路基设计规范》（JTG D30）的有关规定。

5.2.2 路基顶面回弹模量应符合表5.2.2的规定。不满足要求时，应采取改变填料、设置粒料类或无机结合料稳定类路基改善层，或采用石灰或水泥处理等措施提高路基顶面回弹模量。

表5.2.2 路基顶面回弹模量（MPa）

交通荷载等级	极重	特重	重	中等、轻
回弹模量，不小于	70	60	50	40

5.3 粒料类材料

5.3.1 基层、底基层级配碎石的 *CBR* 值应符合表 5.3.1 的有关规定。

表 5.3.1 级配碎石 *CBR* 值

结构层	公路等级	极重、特重交通	重交通	中等、轻交通
基层	高速公路、一级公路	≥200	≥180	≥160
	二级及二级以下公路	≥160	≥140	≥120
底基层	高速公路、一级公路	≥120	≥100	≥80
	二级及二级以下公路	≥100	≥80	≥60

5.3.2 级配砾石或天然砂砾用于基层时，*CBR* 值不应小于 80。级配砾石或天然砂砾用于底基层时，对极重、特重和重交通荷载等级，*CBR* 值不应小于 80；对中等交通荷载等级，*CBR* 值不应小于 60；对轻交通荷载等级，*CBR* 值不应小于 40。

5.3.3 高速公路和一级公路基层粒料公称最大粒径不宜大于 26.5mm；底基层采用级配碎石或级配砂砾时，公称最大粒径不宜大于 31.5mm；底基层采用天然砂砾时，公称最大粒径不宜大于 53.0mm。二级及二级以下公路的基层、底基层粒料公称最大粒径不宜大于 53.0mm。

5.3.4 填隙碎石公称最大粒径宜为层厚的 1/2 ~2/3。填隙碎石用于基层时，骨料公称最大粒径不应超过 53.0mm；用于底基层时，骨料公称最大粒径不应超过 63.0mm。

5.3.5 防冻层所用砂砾、碎石材料的最大粒径不应超过 53.0mm。

5.3.6 级配碎石和级配砂砾中通过 0.075mm 筛孔的颗粒含量不宜大于 5%，不满足要求时，可用天然砂替代部分细集料。

5.3.7 粒料层的回弹模量在结构验算时应采用粒料回弹模量乘以湿度调整系数后得到，湿度调整系数可在 1.6 ~2.0 范围内选取。粒料回弹模量应取用最佳含水率和与压实度要求相应的干密度条件下的试验值。压实度要求应符合现行《公路路面基层施工技术细则》（JTG/T F20）的有关规定。

5.3.8 最佳含水率和与压实度要求相应的干密度条件下的粒料回弹模量应按本规范第 5.1.4 条规定，依据相应的水平确定：

1 水平一，按本规范附录 D 采用重复加载三轴压缩试验测定，取回弹模量试验结果的均值。

2 水平三，按粒料类型和层位参照表 5.3.8 确定粒料回弹模量取值。

表 5.3.8 粒料回弹模量取值范围（MPa）

材料类型和层位	最佳含水率和与压实度要求相应的干密度条件下	经湿度调整后
级配碎石基层	200～400	300～700
级配碎石底基层	180～250	190～440
级配砾石基层	150～300	250～600
级配砾石底基层	150～220	160～380
未筛分碎石层	180～220	200～400
天然砂砾层	105～135	130～240

注：材料性能好、级配好或压实度大时取高值，反之取低值。

5.4 无机结合料稳定类材料

5.4.1 无机结合料稳定类材料用于高速公路、一级公路基层时，公称最大粒径不宜大于 31.5mm；用于高速公路和一级公路底基层或二级及二级以下公路基层时，公称最大粒径不宜大于 37.5mm；用于二级及二级以下公路底基层时，公称最大粒径不宜大于 53.0mm。

5.4.2 水泥稳定类材料水泥剂量宜为 3.0%～6.0%。

5.4.3 贫混凝土集料公称最大粒径不宜大于 31.5mm，水泥用量不得少于 170kg/m^3，28d 弯拉强度标准值宜控制在 2.0～2.5MPa 范围内。

5.4.4 无机结合料稳定类材料 7d 无侧限抗压强度代表值应符合表 5.4.4 的要求。

表 5.4.4 无机结合料稳定类材料 7d 无侧限抗压强度标准（代表值）（MPa）

材料	结构层	公路等级	极重、特重交通	重交通	中等、轻交通
水泥稳定类	基层	高速公路、一级公路	5.0～7.0	4.0～6.0	3.0～5.0
		二级及二级以下公路	4.0～6.0	3.0～5.0	2.0～4.0
	底基层	高速公路、一级公路	3.0～5.0	2.5～4.5	2.0～4.0
		二级及二级以下公路	2.5～4.5	2.0～4.0	1.0～3.0
水泥粉煤灰稳定类	基层	高速公路、一级公路	4.0～5.0	3.5～4.5	3.0～4.0
		二级及二级以下公路	3.5～4.5	3.0～4.0	2.5～3.5
	底基层	高速公路、一级公路	2.5～3.5	2.0～3.0	1.5～2.5
		二级及二级以下公路	2.0～3.0	1.5～2.5	1.0～2.0

续表 5.4.4

材料	结构层	公路等级	极重、特重交通	重交通	中等、轻交通
石灰粉煤灰稳定类	基层	高速公路、一级公路	≥1.1	≥1.0	≥0.9
		二级及二级以下公路	≥0.9	≥0.8	≥0.7
	底基层	高速公路、一级公路	≥0.8	≥0.7	≥0.6
		二级及二级以下公路	≥0.7	≥0.6	≥0.5
石灰稳定类	基层	二级及二级以下公路	—	—	≥0.8[a]
	底基层	高速公路、一级公路	—	—	≥0.8
		二级及二级以下公路	—	—	0.5～0.7[b]

注：[a]在低塑性土（塑性指数小于 7）地区，石灰稳定砂砾和碎石的 7d 龄期无侧限抗压强度应大于 0.5MPa（100g 平衡锥测液限）。

[b]低限用于塑性指数小于 7 的黏土，高限用于塑性指数大于或等于 7 的黏土。

5.4.5 无机结合料稳定类材料弯拉强度和弹性模量应按本规范第 5.1.4 条规定，依据相应的水平确定：

1 水平一，按本规范附录 E，采用中间段法单轴压缩试验测定。弯拉强度和弹性模量的测定应符合现行《公路工程无机结合料稳定材料试验规程》（JTG E51）中 T 0851的有关规定。测试时水泥稳定类、水泥粉煤灰稳定类材料试件的龄期应为 90d，石灰稳定类、石灰粉煤灰稳定类材料试件的龄期应为 180d。弯拉强度和弹性模量应取用测试数据的平均值。

2 水平三，参照表 5.4.5 确定弯拉强度和弹性模量。

表 5.4.5 无机结合料稳定类材料的弯拉强度和弹性模量取值范围（MPa）

材料	弯拉强度	弹性模量
水泥稳定粒料、水泥粉煤灰稳定粒料、石灰粉煤灰稳定粒料	1.5～2.0	18 000～28 000
	0.9～1.5	14 000～20 000
水泥稳定土、水泥粉煤灰稳定土、石灰粉煤灰稳定土	0.6～1.0	5 000～7 000
石灰土	0.3～0.7	3 000～5 000

注：结合料用量高、材料性能好、级配好或压实度大时取高值，反之取低值。

5.4.6 结构验算时，无机结合料稳定类材料弹性模量应乘以结构层模量调整系数 0.5。

5.4.7 冻土地区高速公路和一级公路的石灰粉煤灰稳定类基层，应按现行《公路工程无机结合料稳定材料试验规程》（JTG E51）中 T 0858 的有关规定进行材料抗冻性能检验，其残留抗压强度比应符合表 5.4.7 的要求。

表 5.4.7 石灰粉煤灰稳定类材料抗冻性能技术要求

气候区	重冻区	中冻区
残留抗压强度比（%）	≥70	≥65

5.5 沥青结合料类材料

5.5.1 沥青结合料应采用道路石油沥青或其加工产品，沥青类型应根据公路等级、气候条件、交通荷载等级、结构层位和施工条件等确定。

5.5.2 极重、特重和重交通荷载等级公路、气候条件严酷地区公路，以及连续长陡纵坡路段，中面层和表面层宜采取优化混合料级配、选用改性沥青或添加外掺剂等措施。

5.5.3 开级配沥青混合料表面层宜采用高黏沥青或橡胶沥青，并采用适量消石灰或水泥替代矿粉。

5.5.4 表面层沥青混合料公称最大粒径不宜大于16.0mm，中面层和下面层沥青混合料公称最大粒径不宜小于16.0mm，基层沥青碎石公称最大粒径不宜小于26.5mm。

5.5.5 季节性冻土地区高速公路和一级公路表面层沥青低温性能宜满足下列指标要求：

1 分析连续10年年最低气温平均值，作为路面低温设计温度。路面低温设计温度提高10℃的试验条件下，沥青弯曲梁流变试验蠕变劲度 S_t 不宜大于300MPa，且蠕变曲线斜率 m 不宜大于0.30。

2 当蠕变劲度 S_t 在300～600MPa范围内，且蠕变曲线斜率 m 大于0.30时，增加沥青直接拉伸试验，其断裂应变不宜小于1%。

3 以上都不满足时，采用弯曲梁流变试验和直接拉伸试验确定沥青临界开裂温度，临界开裂温度不宜高于路面低温设计温度。

5.5.6 二级及二级以上公路公称最大粒径不大于19.0mm的沥青混合料，宜在温度为－10℃、加载速率为50mm/min条件下进行小梁弯曲试验。沥青混合料的破坏应变宜符合表5.5.6的规定。

表5.5.6 沥青混合料低温弯曲试验破坏应变技术要求

气候条件与技术指标	相应于下列气候分区所要求的破坏应变（με）									试验方法
年极端最低气温（℃）及气候分区	＜－37.0		－37.0～－21.5			－21.5～－9.0		＞－9.0		
	1. 冬严寒区		2. 冬寒区			3. 冬冷区		4. 冬温区		
	1-1	2-1	1-2	2-2	3-2	1-3	2-3	1-4	2-4	
普通沥青混合料，不小于	2 600		2 300			2 000				T 0715
改性沥青混合料，不小于	3 000		2 800			2 500				

注：气候分区的确定应符合现行《公路沥青路面施工技术规范》（JTG F40）的有关规定。

5.5.7 高速公路和一级公路沥青混合料应在规定的试验条件下进行车辙试验，并应符合表5.5.7的要求。二级公路可参照执行。

表5.5.7 沥青混合料车辙试验动稳定度技术要求（次/mm）

<table>
<tr><td colspan="2">气候条件与技术指标</td><td colspan="9">相应于以下气候分区所要求的动稳定度技术要求</td><td rowspan="4">试验方法</td></tr>
<tr><td colspan="2" rowspan="3">七月平均最高气温（℃）及气候分区</td><td colspan="4">>30</td><td colspan="4">20～30</td><td><20</td></tr>
<tr><td colspan="4">1. 夏炎热区</td><td colspan="4">2. 夏热区</td><td>3. 夏凉区</td></tr>
<tr><td>1-1</td><td>1-2</td><td>1-3</td><td>1-4</td><td>2-1</td><td>2-2</td><td>2-3</td><td>2-4</td><td>3-2</td></tr>
<tr><td colspan="2">普通沥青混合料，不小于</td><td colspan="2">800</td><td colspan="2">1 000</td><td>600</td><td colspan="3">800</td><td>600</td><td rowspan="5">T 0719</td></tr>
<tr><td colspan="2">改性沥青混合料，不小于</td><td colspan="2">2 800</td><td colspan="2">3 200</td><td>2 000</td><td colspan="3">2 400</td><td>1 800</td></tr>
<tr><td rowspan="2">SMA混合料，不小于</td><td>普通沥青</td><td colspan="9">1 500</td></tr>
<tr><td>改性沥青</td><td colspan="9">3 000</td></tr>
<tr><td colspan="2">OGFC混合料，不小于</td><td colspan="9">1 500（中等、轻交通荷载等级）、3 000（重及以上交通荷载等级）</td></tr>
</table>

注：1. 气候分区的确定应符合现行《公路沥青路面施工技术规范》(JTG F40)的有关规定。
2. 当其他月份的平均最高气温高于七月时，可使用该月平均最高气温。
3. 在特殊情况下，对钢桥面铺装、重载车特别多或纵坡较大的长距离上坡路段、厂矿专用道路，可酌情提高动稳定度要求。
4. 对炎热地区或特重及以上交通荷载等级公路，可根据气候条件和交通状况适当提高试验温度或增加试验荷载。

5.5.8 宜采用本规范附录F规定的单轴贯入试验方法测定沥青混合料贯入强度。无机结合料稳定类基层沥青路面、底基层采用无机结合料稳定类材料的沥青结合料类基层沥青路面和水泥混凝土基层沥青路面的沥青混合料贯入强度，宜满足式(5.5.8-1)的要求。

$$R_{\tau s} \geqslant \left(\frac{0.31\lg N_{e5} - 0.68}{\lg[R_a] - 1.31\lg T_d - \lg\psi_s + 2.50} \right)^{1.86} \tag{5.5.8-1}$$

式中：$[R_a]$——沥青混合料层容许永久变形量(mm)，根据公路等级，参照表3.0.6-1确定；

N_{e5}——设计使用年限内或通车至首次针对车辙维修的期限内，月平均气温大于0℃的月份，设计车道当量设计轴载累计作用次数，按本规范附录A计算；

T_d——设计气温(℃)，为所在地区月平均气温大于0℃的各月份气温平均值；

ψ_s——路面结构系数，根据式(5.5.8-2)计算：

$$\psi_s = (0.52h_a^{-0.003} - 317.59h_b^{-1.32})E_b^{0.1} \tag{5.5.8-2}$$

h_a——沥青混合料层的厚度(mm)；

h_b——无机结合料稳定层或水泥混凝土层的厚度(mm)；

E_b——无机结合料稳定层或水泥混凝土层的模量(MPa)；

$R_{\tau s}$——各沥青混合料层的综合贯入强度，根据式（5.5.8-3）确定：

$$R_{\tau s}=\sum_{i=1}^{n}w_{is}R_{\tau i} \tag{5.5.8-3}$$

$R_{\tau i}$——第 i 层沥青混合料的贯入强度（MPa），根据本规范附录 F 所列方法试验确定，普通沥青混合料一般为 0.4～0.7MPa，改性沥青混合料一般为 0.7～1.2MPa；

n——沥青混合料层的层数；

w_{is}——第 i 层沥青混合料的权重，为第 i 层厚度中点剪应力与各层厚度中点剪应力之和的比值（$w_{is}=\frac{\tau_i}{\sum_{i=1}^{n}\tau_i}$）。沥青混合料层为 1 层时，$w_1$ 取 1.0；沥青混合料层 2 层时，自上而下，w_1 可取 0.48，w_2 可取 0.52；沥青混合料层为 3 层时，自上而下，w_1、w_2 和 w_3 可分别取 0.35、0.42 和 0.23。

5.5.9 粒料类基层沥青路面和底基层采用粒料的沥青结合料类基层沥青路面，沥青混合料贯入强度宜满足式（5.5.9-1）的要求。

$$R_{\tau g}\geqslant\left(\frac{0.35\lg N_{e5}-1.16}{\lg[R_a]-1.62\lg T_d-\lg\psi_g+2.76}\right)^{1.38} \tag{5.5.9-1}$$

式中：ψ_g——路面结构系数，根据式（5.5.9-2）计算：

$$\psi_g=20.16h_a^{-0.642}+820\,916h_b^{-2.84} \tag{5.5.9-2}$$

$R_{\tau g}$——路面各层沥青混合料的综合贯入强度，根据式（5.5.9-3）确定：

$$R_{\tau g}=\sum_{i=1}^{n}w_{ig}R_{\tau i} \tag{5.5.9-3}$$

w_{ig}——第 i 层沥青混合料的权重，为第 i 层厚度中点的剪应力与各层厚度中点剪应力之和的比值$\left(w_{ig}=\frac{\tau_i}{\sum_{i=1}^{n}\tau_i}\right)$。沥青混合料层为 1 层时，$w_1$ 取 1.0；沥青混合料层 2 层时，自上而下，w_1 可取 0.44，w_2 可取 0.56；沥青混合料层为 3 层时，自上而下，w_1、w_2 和 w_3 可分别取 0.27、0.36 和 0.37；

其他符号意义同式（5.5.8-1）～式（5.5.8-3）。

5.5.10 沥青混合料应测试浸水马歇尔试验残留稳定度和冻融劈裂试验残留强度比检验水稳定性。两项指标应符合表 5.5.10 的规定。水稳定性不满足要求时，可采取掺入消石灰、水泥或抗剥落剂，或更换集料等措施。

表 5.5.10 沥青混合料水稳定性技术要求

<table>
<tr><td colspan="2" rowspan="2">沥青混合料类型</td><td colspan="2">相应于以下年降雨量（mm）的技术要求（%）</td><td rowspan="2">试验方法</td></tr>
<tr><td>≥500</td><td><500</td></tr>
<tr><td colspan="5">浸水马歇尔试验残留稳定度（%）</td></tr>
<tr><td colspan="2">普通沥青混合料，不小于</td><td>80</td><td>75</td><td rowspan="4">T 0709</td></tr>
<tr><td colspan="2">改性沥青混合料，不小于</td><td>85</td><td>80</td></tr>
<tr><td rowspan="2">SMA 混合料，不小于</td><td>普通沥青</td><td colspan="2">75</td></tr>
<tr><td>改性沥青</td><td colspan="2">80</td></tr>
<tr><td colspan="5">冻融劈裂试验的残留强度比（%）</td></tr>
<tr><td colspan="2">普通沥青混合料，不小于</td><td>75</td><td>70</td><td rowspan="4">T 0729</td></tr>
<tr><td colspan="2">改性沥青混合料，不小于</td><td>80</td><td>75</td></tr>
<tr><td rowspan="2">SMA 混合料，不小于</td><td>普通沥青</td><td colspan="2">75</td></tr>
<tr><td>改性沥青</td><td colspan="2">80</td></tr>
</table>

5.5.11 沥青混合料动态压缩模量应按本规范第 5.1.4 条规定，依据相应的水平确定：

1 水平一，沥青混合料动态压缩模量的测定应符合现行《公路工程沥青及沥青混合料试验规程》（JTG E20）T 0738 的有关规定，取平均值，试验温度选用 20℃，面层沥青混合料加载频率采用 10Hz，基层沥青混合料加载频率采用 5Hz。

2 水平二，采用式（5.5.11）计算确定沥青混合料动态压缩模量，适用于采用道路石油沥青和常规级配的沥青混合料。

$$\lg E_a = 4.59 - 0.02f + 2.58G^* - 0.14P_a - 0.041V - 0.03VCA_{DRC} - 2.65 \times 1.1^{\lg f}G^* \cdot f^{-0.06} - 0.05 \times 1.52^{\lg f}VCA_{DRC} \cdot f^{-0.21} + 0.0031f \cdot P_a + 0.0024V \tag{5.5.11}$$

式中：E_a——沥青混合料动态压缩模量（MPa）；

f——试验频率（Hz）；

G^*——60℃、10rad/s 下沥青动态剪切复数模量（kPa）；

P_a——沥青混合料的油石比（%）；

V——压实沥青混合料的空隙率（%）；

VCA_{DRC}——捣实状态下粗集料的松装间隙率（%）。

3 水平三，参照表 5.5.11 确定沥青混合料动态压缩模量。

表 5.5.11 常用沥青混合料 20℃条件下动态压缩模量取值范围（MPa）

<table>
<tr><td rowspan="2">沥青混合料类型</td><td colspan="4">沥 青 种 类</td></tr>
<tr><td>70 号道路石油沥青</td><td>90 号道路石油沥青</td><td>110 号道路石油沥青</td><td>SBS 改性沥青</td></tr>
<tr><td>SMA10、SMA13、SMA16</td><td>—</td><td>—</td><td>—</td><td>7 500 ~ 12 000</td></tr>
<tr><td>AC10、AC13</td><td>8 000 ~ 12 000</td><td>7 500 ~ 11 500</td><td>7 000 ~ 10 500</td><td>8 500 ~ 12 500</td></tr>
<tr><td>AC16、AC20、AC25</td><td>9 000 ~ 13 500</td><td>8 500 ~ 13 000</td><td>7 500 ~ 12 000</td><td>9 000 ~ 13 500</td></tr>
<tr><td>ATB25</td><td>7 000 ~ 11 000</td><td>—</td><td>—</td><td>—</td></tr>
</table>

注：1. ATB25 为 5Hz 条件下动态压缩模量，其他沥青混合料为 10Hz 条件下动态压缩模量。
2. 沥青黏度大、级配好或空隙率小时取高值，反之取低值。

5.6 泊松比

5.6.1 各类材料的泊松比应按表 5.6.1 确定。

表 5.6.1 泊松比取值

材料类别	路基	粒料	无机结合料	密级配沥青混合料	开级配沥青混合料、半开级配沥青混合料
泊松比	0.40	0.35	0.25	0.25	0.40

6 路面结构验算

6.1 一般规定

6.1.1 路面结构力学指标计算应采用双圆均布垂直荷载作用下的弹性层状连续体系理论。

6.1.2 路面结构组合应先初拟方案，并按本规范附录 B 进行路面结构验算，再结合工程经验和经济分析选定路面结构方案。对于二级及二级以下公路，当交通荷载等级为中等、轻水平时，可依据所在地区经验结构合理选择路面设计方案。

6.2 设计指标

6.2.1 路面结构验算应根据路面结构组合，参照表 6.2.1 选择设计指标。

表 6.2.1 不同结构组合路面的设计指标

基层类型	底基层类型	设计指标[a]
无机结合料稳定类	粒料类	无机结合料稳定层层底拉应力、沥青混合料层永久变形量
	无机结合料稳定类	
沥青结合料类	粒料类	沥青混合料层层底拉应变、沥青混合料层永久变形量、路基顶面竖向压应变
	无机结合料稳定类	沥青混合料层永久变形量、无机结合料稳定层层底拉应力
粒料类[b]	粒料类	沥青混合料层层底拉应变、沥青混合料层永久变形量、路基顶面竖向压应变
	无机结合料稳定类	沥青混合料层层底拉应变、沥青混合料层永久变形量、无机结合料稳定层层底拉应力
水泥混凝土[c]	—	沥青混合料层永久变形量

注：[a]季节性冻土地区应增加沥青面层低温开裂验算和防冻厚度验算。
[b]在沥青混合料层与无机结合料稳定层间设置粒料层时，应验算沥青混合料层疲劳开裂寿命。
[c]水泥混凝土基层应按现行《公路水泥混凝土路面设计规范》(JTG D40) 设计。

6.2.2 路面结构验算时，各设计指标应选用表 6.2.2 规定的竖向位置处的力学响应，并应按图 6.2.2 所示计算点位置，选取 *A*、*B*、*C* 和 *D* 四点位置计算的最大力学响应量。

表 6.2.2　各设计指标对应的力学响应及其竖向位置

设计指标	力学响应	竖向位置
沥青混合料层层底拉应变	沿行车方向的水平拉应变	沥青混合料层层底
无机结合料稳定层层底拉应力	沿行车方向的水平拉应力	无机结合料稳定层层底
沥青混合料层永久变形量	竖向压应力	沥青混合料层各分层顶面
路基顶面竖向压应变	竖向压应变	路基顶面

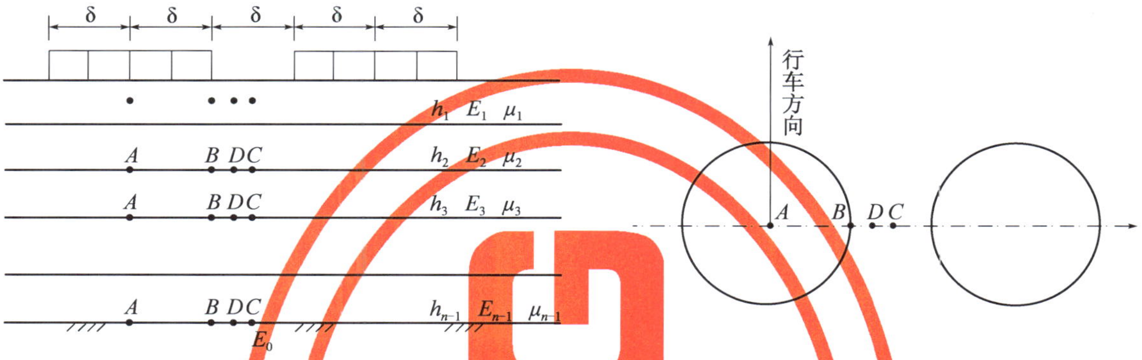

图 6.2.2　力学响应计算点位置图示

6.3　交通、材料和环境参数

6.3.1　各设计指标对应的当量设计轴载累计作用次数，应根据交通参数调查分析结果和设计使用年限，按本规范附录 A 的规定计算确定。

6.3.2　路面结构验算时结构层模量取值应符合下列规定：

1　沥青面层采用 20℃、10Hz 条件下的动态压缩模量，沥青类基层采用 20℃、5Hz 条件下的动态压缩模量。

2　无机结合料稳定层采用经调整系数修正后的弹性模量。

3　粒料层采用经湿度调整的回弹模量，路基采用平衡湿度状态下并考虑干湿与冻融循环作用后的顶面当量回弹模量。

6.3.3　沥青混合料层疲劳开裂寿命、无机结合料稳定层疲劳开裂寿命和路基顶面竖向压应变验算时，应根据所在地区的气温条件、路面结构类型和结构层厚度，按本规范附录 G 确定温度调整系数。沥青混合料层永久变形量验算时，应根据所在地区的气温条件，按本规范附录 G 选用相应的等效温度。

6.4　路面结构验算流程

6.4.1　路面结构验算应按图 6.4.1 所示的流程进行，包括下列主要内容：

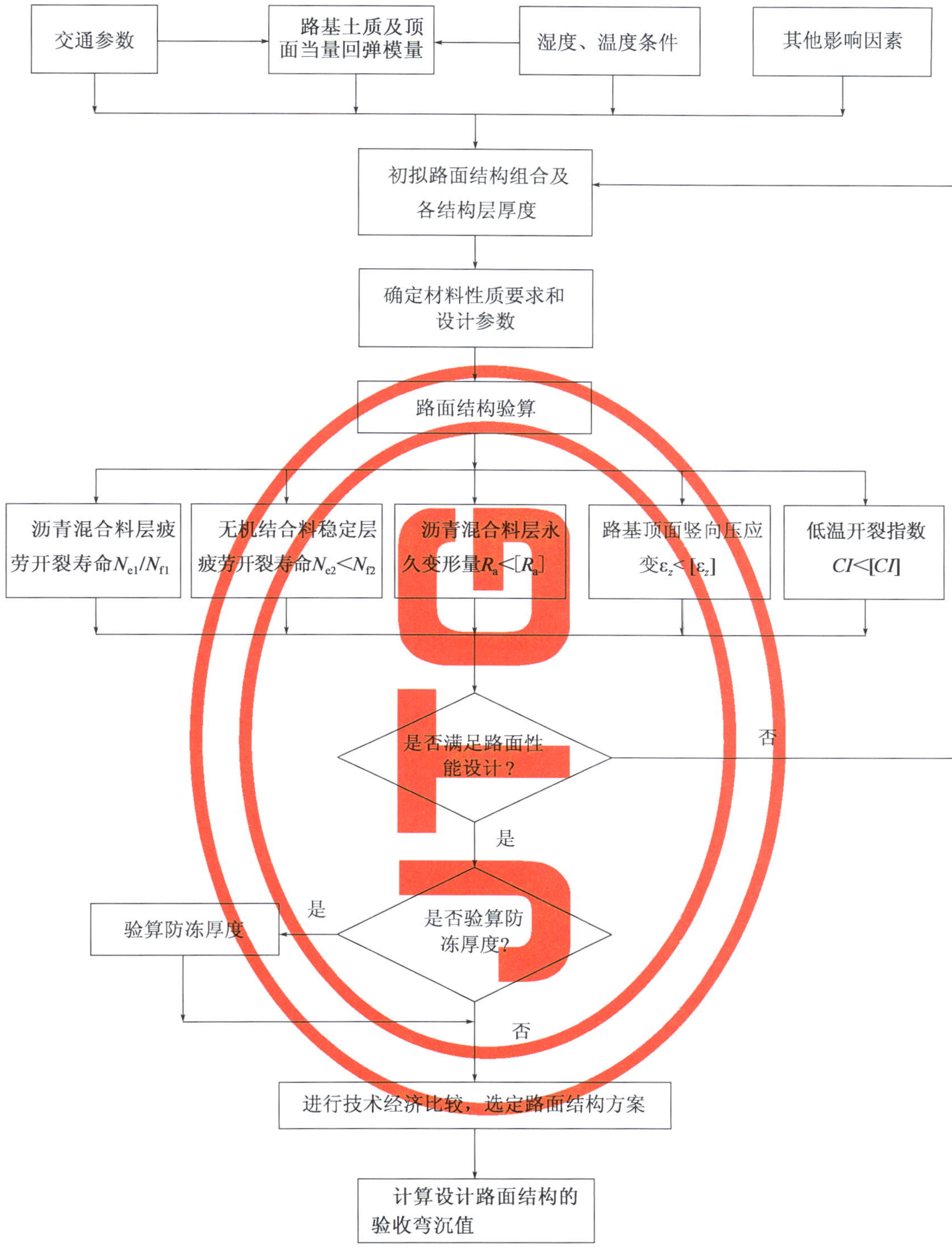

图 6.4.1　路面结构验算流程图

1　按本规范附录 A 调查分析交通参数；根据本规范第 3.0.4 条的规定，确定交通荷载等级。

2　根据路基土类、地下水位高度确定路基干湿类型和湿度状况，按本规范第 5.2.2 条要求，并结合现行《公路路基设计规范》（JTG D30）的有关规定确定路基顶面回弹模量及必要的路基改善措施。

3　根据设计要求，收集所在地区的常用路面结构组合和材料性质要求，分析影响路面结构设计的其他因素，初拟路面结构组合与厚度方案，选取设计指标。

4　按本规范第5章及第6.3.2条规定，确定各结构层模量等设计参数，并按本规范第5章规定检验粒料的*CBR*值，无机结合料稳定类材料的无侧限抗压强度，沥青低温性能要求，沥青混合料的低温破坏应变、动稳定度、贯入强度和水稳定性等。

5　按本规范附录G的规定，收集工程所在地区气温资料，确定各设计指标对应的温度调整系数或等效温度。

6　采用多层弹性体系理论程序计算各设计指标的力学响应量。

7　按本规范附录B的规定进行路面结构验算，验算结果应符合本规范第3.0.6条的规定，不符合时，调整路面结构方案重新验算，直至符合为止。

8　对通过结构验算的路面结构进行技术经济分析，选定路面结构方案。

9　按本规范附录B.7计算设计路面结构的验收弯沉值。

6.4.2　设计路面结构的路基顶面验收弯沉值和路表验收弯沉值的确定，应符合本规范附录B.7的有关规定。

7 改建设计

7.1 一般规定

7.1.1 本章适用于沥青路面结构补强设计。

7.1.2 改建设计应充分调查和分段评估既有路面状况，分析路面损坏原因，提出针对性改建对策，经技术经济分析后，结合工程经验确定适应预期交通荷载等级和使用性能要求的改建设计方案。

7.1.3 确定改建设计方案时，应充分利用既有路面结构性能，减少废弃材料，并积极、稳妥地再生利用既有路面材料。

7.1.4 应考虑施工期交通组织设计和临时安全设施设计。

7.1.5 改建设计应采用动态设计理念，工程实施阶段应逐段调查分析现场路况，动态调整改建方案。

7.2 既有路面调查与分析

7.2.1 既有路面调查与分析应包括下列主要内容：

1 收集既有路面及其排水设施的设计、施工及历史养护维修情况等技术资料。

2 调查分析交通量、轴载组成和增长率等交通荷载参数。

3 调查路面破损状况，包括路面病害类型、严重程度、范围和数量等。

4 采用落锤式动态弯沉仪或其他弯沉仪检测评价既有路面结构承载能力。

5 采用钻芯、探坑取样、路面雷达、切割等方式，调查分析既有路面厚度、层间结合及病害程度情况，并取样进行室内试验，测定试件模量、强度等，分析路面材料组成与退化情况。

6 对因路基问题导致路面损坏的路段，取样调查路基土质类型、含水率和 *CBR* 值等，分析路基稳定性和承载力等。

7 调查沿线气候条件、地下水位及路基路面排水状况。

8 调查沿线跨线桥、隧道净空要求及其他影响路面改建设计的因素。

7.2.2 既有路面损坏状况的评定应符合现行《公路技术状况评定标准》（JTG H20）和《公路养护技术规范》（JTG H10）的有关规定，可结合路面损坏特点采用路面横向裂缝间距、纵向裂缝率、网裂面积率和修补面积率等指标进行补充评价。

7.2.3 应根据既有路面调查结果综合分析病害原因，判断路面病害的层位、破坏程度、发展趋势及既有路面的可利用程度。

7.3 改建方案

7.3.1 应根据不同路段路面状况和损坏程度，对既有路面采取相应的处理方案。

7.3.2 既有路面处理可采用局部病害处治、整体性处理的方式或局部病害处治与整体性处理相结合的方式，并应符合下列规定：

1 既有路面破损不严重且结构性能较好的路段可参照现行《公路沥青路面养护技术规范》（JTJ 073.2）对局部病害处治后加铺。

2 既有路面破损严重或结构性能不足的路段，宜采用整体性处理方式。处理深度和范围应根据路面破损程度、层位和处理工艺确定。

7.3.3 改建方案应充分利用既有路面结构和材料，可视具体情况选择经局部病害处治后直接加铺一层或多层改建方案、将既有路面铣刨至某一结构层或将既有路面就地再生后再加铺一层或多层改建方案。

7.3.4 既有路面存在较多裂缝时，应采取减缓反射裂缝的措施。

7.3.5 既有路面出现因内部排水不良引起的水损坏时，应改善或重置路面防排水系统。加铺层与既有路面间应采取设置黏层或封层等层间结合措施。

7.3.6 加铺层材料组成和技术要求应符合本规范第5章的规定。再生材料技术要求应符合现行《公路沥青路面再生技术规范》（JTG F41）的有关规定。

7.4 改建路面结构验算

7.4.1 设计使用年限内预期的交通荷载参数应按本规范附录A进行调查和分析，并按本规范第3.0.4条确定交通荷载等级。

7.4.2 加铺层以及经处治后的既有路面结构在设计使用年限内的使用性能，应符合本规范第3.0.6条和第3.0.7条的规定。

7.4.3 既有路面破损不严重且结构性能较好，采用直接加铺方案或铣刨至某一结构层再加铺方案时，应同时对既有路面结构层和加铺层进行结构验算。加铺层的设计参数应按新建路面结构确定。既有路面结构层的设计参数应按下列要求确定：

1 将既有路面简化为由沥青结合料类材料层、无机结合料稳定层或粒料层和路基组成的三层体系，利用弯沉盆反演或芯样实测的方法确定各层结构模量。

2 既有路面无机结合料稳定层弯拉强度，宜根据现场取芯实测的无侧限抗压强度按式（7.4.3）计算，无条件时，可根据既有路面整体强度、基层和面层损坏状况，结合当地经验确定。

$$R_s = 0.21R_c \tag{7.4.3}$$

式中：R_s——无机结合料稳定类材料试件的弯拉强度（MPa）；

R_c——无机结合料稳定类材料试件的无侧限抗压强度（MPa）。

7.4.4 既有路面破损严重或结构性能不足时，无论采用直接加铺方案还是采用铣刨至某一结构层再加铺方案，均应对加铺层进行结构验算。加铺面层的设计参数应按新建路面结构确定。既有路面或铣刨后留用的路面结构层不再进行结构验算，其顶面当量回弹模量应按式（7.4.4）计算。

$$E_d = \frac{176pr}{l_0} \tag{7.4.4}$$

式中：E_d——既有路面结构顶面当量回弹模量（MPa）；

p——落锤式弯沉仪承载板施加荷载（MPa）；

r——落锤式弯沉仪承载板半径（mm）；

l_0——落锤式弯沉仪承载板中心点弯沉值（0.01mm）。

7.4.5 再生材料设计参数可按实测或工程经验确定。

7.4.6 改建路面结构验算应按图7.4.6所示的流程进行，包括下列主要内容：

1 按本规范附录A调查分析交通参数；按本规范第3.0.4条规定，确定交通荷载等级。

2 根据本规范第7.2节的规定，对既有路面技术状况进行调查和分析。

3 根据路况调查结果，对既有路面进行分段。按本规范第7.3节的规定，结合当地工程经验，分段初拟改建方案。

4 按本规范第7.4.3~7.4.5条规定，确定需验算的结构层和设计指标，确定既有路面和加铺层的材料模量等设计参数，并按本规范第5章规定检验加铺层粒料的 *CBR* 值，无机结合料稳定类材料的无侧限抗压强度，沥青低温性能要求，沥青混合料的低温破坏应变、动稳定度、贯入强度和水稳定性等。

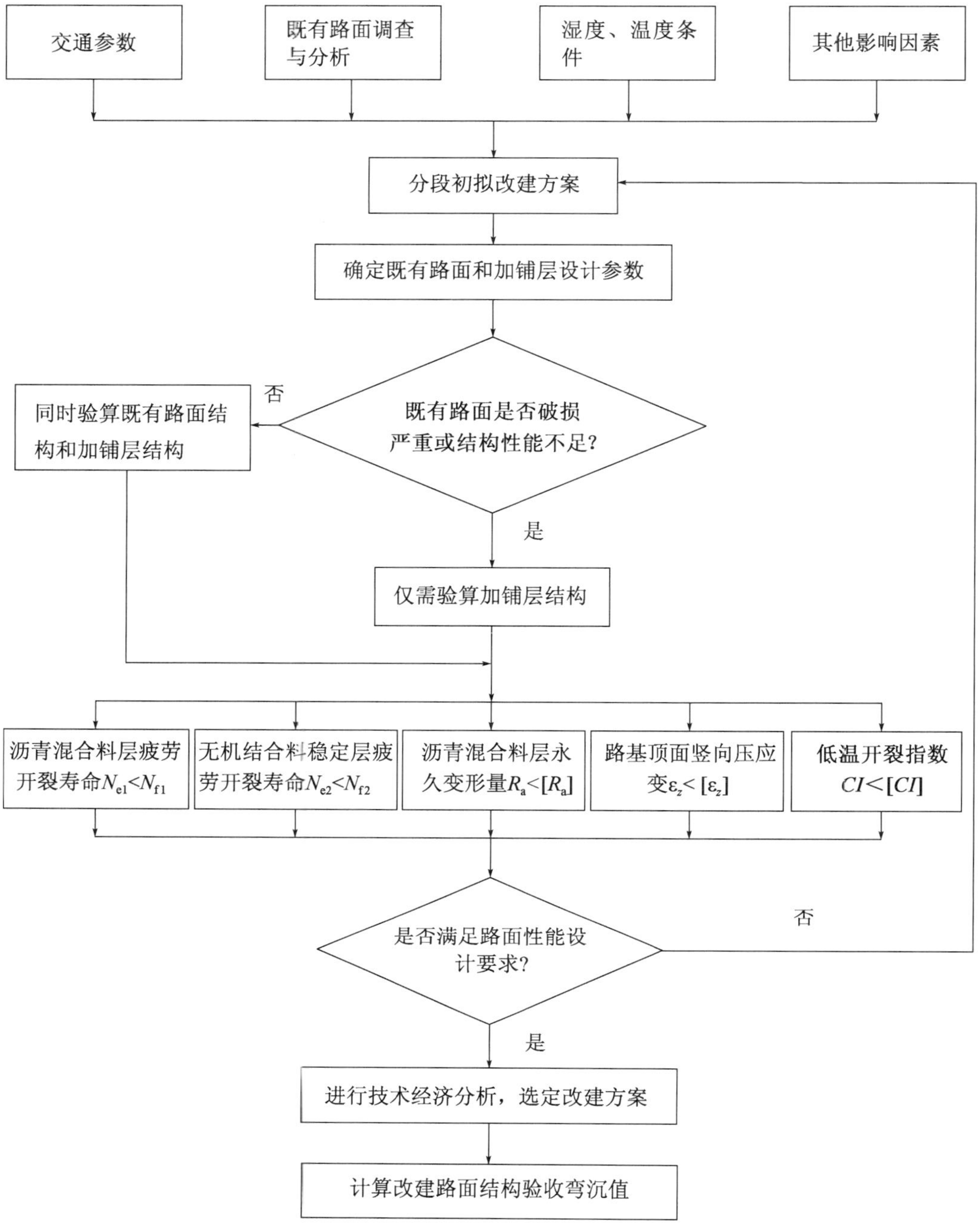

图 7.4.6　改建路面结构验算流程图

5　收集工程所在地区气温资料，按本规范附录 G 确定各设计指标相应的温度调整系数或等效温度。

6　采用多层弹性体系理论程序计算各设计指标的力学响应量。

7　按本规范附录 B 进行路面结构验算，验算结果应符合本规范第 3.0.6 条的规定，不符合时，调整路面改建方案重新验算，直至符合为止。

8　对通过结构验算的路面结构进行技术经济分析，选定路面改建方案。

9　按本规范附录 B.7 计算改建路面结构的路表验收弯沉值。

8　桥面铺装设计

8.1　一般规定

8.1.1　桥面铺装设计可包括桥面板处理、防排水、铺装结构层、路缘带和伸缩缝接触部位的填封设计等，设计时应综合考虑桥梁类型、公路等级、交通荷载等级和气候条件等因素。

8.1.2　桥面铺装层结构宜与公路主线路面结构相协调，钢桥面、大桥和特大桥的水泥混凝土桥面的沥青混合料铺装宜进行专项设计。

8.1.3　桥面防水体系应具有足够的耐久性。

8.2　水泥混凝土桥面铺装

8.2.1　水泥混凝土桥面板宜进行铣刨或抛丸打毛处理，处理后桥面板的构造深度宜为0.4～0.8mm。

8.2.2　设置水泥混凝土调平层的桥面，调平层厚度不宜小于80mm，且应按要求设置钢筋网。调平层混凝土强度等级应与梁体一致，并与桥面板结合紧密。

8.2.3　水泥混凝土桥面防水层材料应具有足够的黏结强度、防水能力、抗施工损伤能力和耐久性，可采用热沥青、涂膜等。

8.2.4　热沥青防水层宜采用橡胶沥青或SBS改性沥青，沥青膜厚度宜为1.5～2.0mm，应撒布覆盖率为60%～70%的单粒径碎石。

8.2.5　高速公路、一级公路水泥混凝土桥面沥青混合料铺装层厚度不宜小于70mm，宜采用两层或两层以上的结构，沥青混合料铺装上层厚度不宜小于30mm。二级及二级以下公路水泥混凝土桥面沥青混合料铺装层厚度不宜小于50mm。

8.2.6　特大桥桥面铺装宜设置砂粒式沥青混合料层。砂粒式沥青混合料层应具有足够的高温稳定性、密水性和抗施工损伤性能，可选用改性沥青胶砂、浇筑式沥青混凝土等。

8.2.7 桥面沥青混合料铺装层应具有较小的空隙率，并具有良好的高温稳定性和抗滑性能，宜选用连续级配沥青混合料或沥青玛蹄脂碎石等。

8.2.8 路缘带、护栏和伸缩缝与沥青混合料铺装层的接触部位宜采用热沥青、贴缝条或封缝料进行封缝防水处理。

8.2.9 桥面铺装边缘带可在沥青混合料铺装下层设置纵向盲沟，宽度宜为100～200mm，可采用开级配沥青混合料或单粒径碎石填充。盲沟应与桥梁泄水孔相连。

8.3 钢桥面铺装

8.3.1 钢桥面应进行抛丸处理，除锈等级应不低于Sa2.5级，并应及时涂刷防锈层或黏结层。

8.3.2 钢桥面防水材料应与铺装层材料类型相匹配。

8.3.3 钢桥面铺装宜采用浇筑式沥青混凝土、环氧沥青混凝土、连续级配沥青混合料、沥青玛蹄脂碎石或多种混合料组合。

附录 A　交通荷载参数分析

A.1　车型分类

A.1.1　车辆轴型应根据表 A.1.1 规定按轮组和轴组类型分为 7 类。

表 A.1.1　轴 型 分 类

轴 型 编 号	轴 型 说 明	轴 型 编 号	轴 型 说 明
1	单轴（每侧单轮胎）	5	双联轴（每侧双轮胎）
2	单轴（每侧双轮胎）	6	三联轴（每侧单轮胎）
3	双联轴（每侧单轮胎）	7	三联轴（每侧双轮胎）
4	双联轴（每侧各一单轮胎、双轮胎）		

A.1.2　车辆类型应按表 A.1.2 所列轴型组合分为 11 类。

表 A.1.2　车辆类型分类

车型编号	说　　明	主要车型及图示		其他车型
1 类	2 轴 4 轮车辆	11 型车		
2 类	2 轴 6 轮及以上客车	12 型客车		15 型客车
3 类	2 轴 6 轮整体式货车	12 型货车	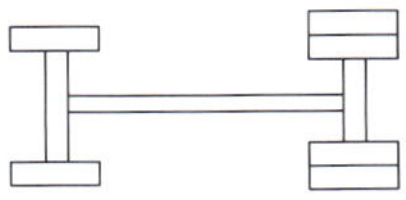	
4 类	3 轴整体式货车（非双前轴）	15 型	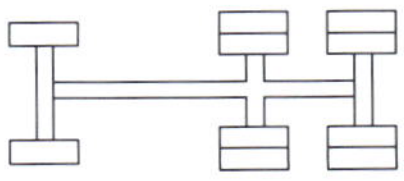	
5 类	4 轴及以上整体式货车（非双前轴）	17 型	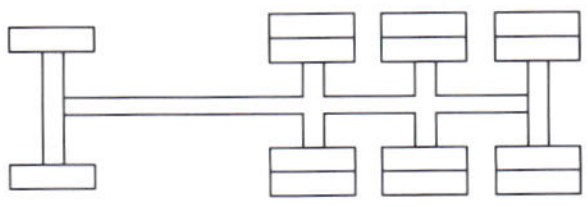	

续表 A. 1. 2

车型编号	说　明	主要车型及图示		其他车型
6 类	双前轴整体式货车	112 型 115 型	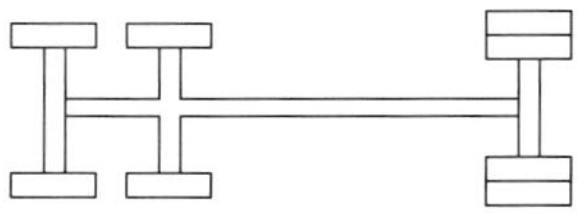	117 型
7 类	4 轴及以下半挂货车（非双前轴）	125 型	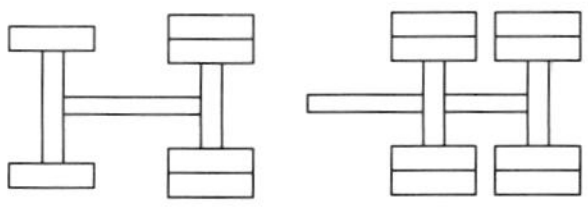	122 型
8 类	5 轴半挂货车（非双前轴）	127 型 155 型	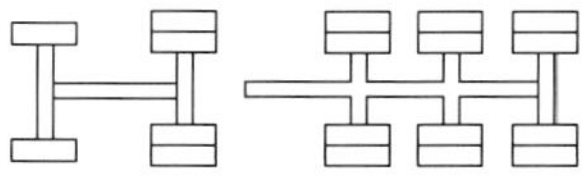	
9 类	6 轴及以上半挂货车（非双前轴）	157 型	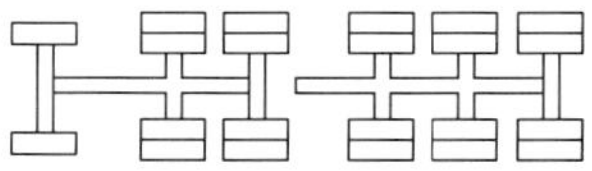	
10 类	双前轴半挂式货车	1127 型	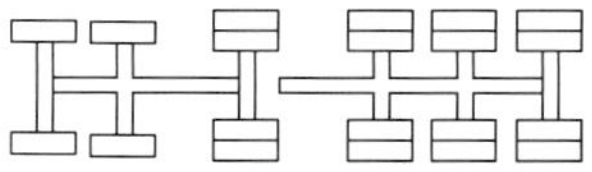	1122 型 1125 型 1155 型 1157 型
11 类	全挂货车	1522 型 1222 型	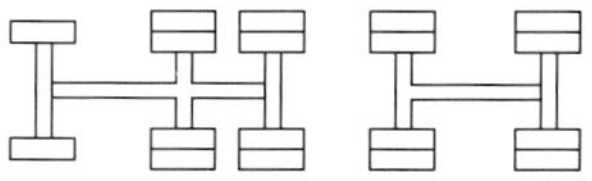	

A. 2　交通数据调查

A. 2. 1　交通数据调查应包括交通量及增长率、方向系数、车道系数、车辆类型组成、轴组组成和轴重等。

A. 2. 2　公路初期交通量和其他参数可参照可行性研究报告等有关交通量预测资料，结合当地交通观测站的观测和统计资料，或通过实地设立站点进行观测和统计。

A. 2. 3　交通量的年平均增长率可依据公路等级和功能以及地区经济和交通发展情况等，通过调查分析确定。

A. 2. 4　方向系数宜根据不同方向上实测交通量数据确定，无实测数据时可在 0. 5 ~ 0. 6 范围内选取。

A. 2. 5　车道系数可按下列三个水平确定，改建设计应采用水平一，新建路面设计可采用水平二或水平三：

1 水平一，根据现场交通量观测资料统计设计方向不同车道上车辆的数量，确定车道系数。

2 水平二，采用当地的经验值。

3 水平三，采用表 A. 2. 5 推荐值。

表 A. 2. 5 车道系数

单向车道数	1	2	3	≥4
高速公路	—	0. 70 ~ 0. 85	0. 45 ~ 0. 60	0. 40 ~ 0. 50
其他等级公路	1. 00	0. 50 ~ 0. 75	0. 50 ~ 0. 75	—

注：交通受非机动车和行人影响严重时取低限，反之取高值。

A. 2. 6 车辆类型分布系数可按下列三个水平确定，改建设计应采用水平一，新建路面设计可采用水平二或水平三：

1 水平一，根据交通观测资料分析 2 类 ~ 11 类车型所占的百分比，得到车辆类型分布系数。

2 水平二，根据交通历史数据或经验数据按表 A. 2. 6-1 确定公路 TTC 分类，采用该 TTC 分类车辆类型分布系数当地经验值。

3 水平三，根据交通历史数据或经验数据按表 A. 2. 6-1 确定公路 TTC 分类，采用表 A. 2. 6-2 规定车辆类型分布系数。

表 A. 2. 6-1 公路 TTC 分类标准（%）

TTC 分类	整体式货车比例	半挂式货车比例
TTC1	<40	>50
TTC2	<40	<50
TTC3	40 ~ 70	>20
TTC4	40 ~ 70	<20
TTC5	>70	—

注：表中整体式货车为表 A. 1. 2 中 3 类 ~ 6 类车，半挂式货车为表 A. 1. 2 中 7 类 ~ 10 类车。

表 A. 2. 6-2 不同 TTC 分类车辆类型分布系数（%）

车辆类型	2 类	3 类	4 类	5 类	6 类	7 类	8 类	9 类	10 类	11 类
TTC1	6. 4	15. 3	1. 4	0. 0	11. 9	3. 1	16. 3	20. 4	25. 2	0. 0
TTC2	22. 0	23. 3	2. 7	0. 0	8. 3	7. 5	17. 1	8. 5	10. 6	0. 0
TTC3	17. 8	33. 1	3. 4	0. 0	12. 5	4. 4	9. 1	10. 6	8. 5	0. 7
TTC4	28. 9	43. 9	5. 5	0. 0	9. 4	2. 0	4. 6	3. 4	2. 3	0. 1
TTC5	9. 9	42. 3	14. 8	0. 0	22. 7	2. 0	2. 3	3. 2	2. 5	0. 2

A.3 车辆当量设计轴载换算

A.3.1 各类车辆当量设计轴载换算系数可按下列三个水平确定，高速公路和一级公路的改建设计应采用水平一，其他情况可采用水平二或水平三：

1 水平一，采用称重设备连续采集设计车道上车辆类型、轴型组成和轴重数据，按下列步骤分析各类车辆当量换算系数：

1）分别统计2类～11类车辆单轴单胎、单轴双胎、双联轴和三联轴的数量，除以各类车辆总量，按式（A.3.1-1）计算各类车辆中不同轴型平均轴数。

$$NAPT_{mi}=\frac{NA_{mi}}{NT_m} \tag{A.3.1-1}$$

式中：$NAPT_{mi}$——m类车辆中i种轴型的平均轴数；

NA_{mi}——m类车辆中i种轴型总数；

NT_m——m类车辆总数；

i——分别为单轴单胎、单轴双胎、双联轴和三联轴；

m——表A.1.2所列2类～11类车。

2）按式（A.3.1-2）计算2类～11类车辆不同轴型在不同轴重区间所占的百分比，得到不同轴型的轴重分布系数，即轴载谱。确定轴载谱时，单轴单胎、单轴双胎、双联轴和三联轴应分别间隔2.5kN、4.5kN、9.0kN和13.5kN划分轴重区间。

$$ALDF_{mij}=\frac{ND_{mij}}{NA_{mi}} \tag{A.3.1-2}$$

式中：$ALDF_{mij}$——m类车辆中i种轴型在j级轴重区间的轴重分布系数；

ND_{mij}——m类车辆中i种轴型在j级轴重区间的数量；

NA_{mi}——m类车辆中i种轴型的数量；

其他符号意义同式（A.3.1-1）。

3）按式（A.3.1-3）计算2类～11类车辆各种轴型在不同轴重区间的当量设计轴载换算系数，计算时取各轴重区间中点值作为该轴重区间代表轴重。按式（A.3.1-4）计算各类车辆当量设计轴载换算系数：

$$EALF_{mij}=c_1c_2\left(\frac{P_{mij}}{P_s}\right)^b \tag{A.3.1-3}$$

式中：P_s——设计轴载（kN）；

P_{mij}——m类车辆中i种轴型在j级轴重区间的单轴轴载（kN），对双联轴和三联轴，为平均分配到每根单轴的轴载；

b——换算指数。分析沥青混合料层疲劳和沥青混合料层永久变形时，$b=4$；分析路基永久变形时，$b=5$；分析无机结合料稳定层疲劳时，$b=13$；

c_1——轴组系数，前后轴间距大于3m时，分别按单个轴计算；轴间距小于3m时，按表A.3.1-1取值；

c_2——轮组系数，双轮组为1.0，单轮时取4.5。

表A.3.1-1 轴组系数取值

设计指标	轮—轴型	c_1 取值
沥青混合料层层底拉应变、沥青混合料层永久变形量	双联轴	2.1
	三联轴	3.2
路基顶面竖向压应变	双联轴	4.2
	三联轴	8.7
无机结合料稳定层层底拉应力	双联轴	2.6
	三联轴	3.8

$$EALF_m = \sum_i \left(NAPT_{mi} \sum_j \left(EALF_{mij} \times ALDF_{mij} \right) \right) \quad (A.3.1\text{-}4)$$

式中：$EALF_m$——m类车辆的当量设计轴载换算系数；

$NAPT_{mi}$——m类车辆中i种轴型的平均轴数；

$ALDF_{mij}$——m类车辆中i种轴型在j级轴重区间的轴重分布系数；

$EALF_{mij}$——m类车辆中i种轴型在j级轴重区间当量设计轴载换算系数，根据式（A.3.1-3）计算确定。

2 水平二和水平三，按式（A.3.1-5）确定各类车辆的当量设计轴载换算系数。式（A.3.1-5）中非满载车和满载车的比例和当量设计轴载换算系数，水平二时取当地经验值，水平三时取表A.3.1-2和表A.3.1-3所列全国经验值。

$$EALF_m = EALF_{ml} \times PER_{ml} + EALF_{mh} \times PER_{mh} \quad (A.3.1\text{-}5)$$

式中：$EALF_{ml}$——m类车辆中非满载车的当量设计轴载换算系数；

$EALF_{mh}$——m类车辆中满载车的当量设计轴载换算系数；

PER_{ml}——m类车辆中非满载车所占的百分比；

PER_{mh}——m类车辆中满载车所占的百分比。

表A.3.1-2 2类~11类车辆非满载车与满载车比例

车型	非满载比例	满载比例
2类	0.80~0.90	0.10~0.20
3类	0.85~0.95	0.05~0.15
4类	0.60~0.70	0.30~0.40
5类	0.70~0.80	0.20~0.30
6类	0.50~0.60	0.40~0.50
7类	0.65~0.75	0.25~0.35

续表 A. 3. 1-2

车　　型	非满载比例	满 载 比 例
8 类	0. 40 ~ 0. 50	0. 50 ~ 0. 60
9 类	0. 55 ~ 0. 65	0. 35 ~ 0. 45
10 类	0. 50 ~ 0. 60	0. 40 ~ 0. 50
11 类	0. 60 ~ 0. 70	0. 30 ~ 0. 40

表 A. 3. 1-3　2 类 ~ 11 类车辆当量设计轴载换算系数

车型	沥青混合料层层底拉应变、沥青混合料层永久变形量		无机结合料稳定层层底拉应力		路基顶面竖向压应变	
	非满载车	满载车	非满载车	满载车	非满载车	满载车
2 类	0. 8	2. 8	0. 5	35. 5	0. 6	2. 9
3 类	0. 4	4. 1	1. 3	314. 2	0. 4	5. 6
4 类	0. 7	4. 2	0. 3	137. 6	0. 9	8. 8
5 类	0. 6	6. 3	0. 6	72. 9	0. 7	12. 4
6 类	1. 3	7. 9	10. 2	1505. 7	1. 6	17. 1
7 类	1. 4	6. 0	7. 8	553. 0	1. 9	11. 7
8 类	1. 4	6. 7	16. 4	713. 5	1. 8	12. 5
9 类	1. 5	5. 1	0. 7	204. 3	2. 8	12. 5
10 类	2. 4	7. 0	37. 8	426. 8	3. 7	13. 3
11 类	1. 5	12. 1	2. 5	985. 4	1. 6	20. 8

A. 4　当量设计轴载累计作用次数

A. 4. 1　根据本规范第 A. 3 节确定的车辆当量设计轴载换算系数，按式（A. 4. 1）确定初始年设计车道日平均当量轴次 N_1。

$$N_1 = AADTT \times DDF \times LDF \times \sum_{m=2}^{11} (VCDF_m \times EALF_m) \tag{A. 4. 1}$$

式中：$AADTT$——2 轴 6 轮及以上车辆的双向年平均日交通量（辆/d）；

DDF——方向系数，按本规范第 A. 2. 4 条的规定确定；

LDF——车道系数，按本规范第 A. 2. 5 条的规定确定；

m——车辆类型编号；

$VCDF_m$——m 类车辆类型分布系数，按本规范第 A. 2. 6 条的规定确定；

$EALF_m$——m 类车辆的当量设计轴载换算系数。

A. 4. 2　应根据初始年设计车道日平均当量轴次 N_1、设计使用年限等，按式（A. 4. 2）计算设计车道上的当量设计轴载累计作用次数 N_e。

$$N_e = \frac{[(1+\gamma)^t - 1] \times 365}{\gamma} N_1 \qquad (A.4.2)$$

式中：N_e——设计使用年限内设计车道上的当量设计轴载累计作用次数（次）；

t——设计使用年限（年）；

γ——设计使用年限内交通量的年平均增长率；

N_1——初始年设计车道日平均当量轴次（次/d）。

附录B　路面结构验算方法

B.1　沥青混合料层疲劳开裂验算

B.1.1　沥青混合料层的疲劳开裂寿命应根据路面结构分析得到的沥青混合料层层底拉应变，按式（B.1.1-1）计算。

$$N_{f1} = 6.32 \times 10^{15.96-0.29\beta} k_a k_b k_{T1}^{-1} \left(\frac{1}{\varepsilon_a}\right)^{3.97} \left(\frac{1}{E_a}\right)^{1.58} (VFA)^{2.72} \tag{B.1.1-1}$$

式中：N_{f1}——沥青混合料层疲劳开裂寿命（轴次）；

β——目标可靠指标，根据公路等级按表3.0.1取值；

k_a——季节性冻土地区调整系数，按表B.1.1采用内插法确定；

k_b——疲劳加载模式系数，按式（B.1.1-2）计算：

$$k_b = \left[\frac{1 + 0.3E_a^{0.43}(VFA)^{-0.85} e^{0.024h_a-5.41}}{1 + e^{0.024h_a-5.41}}\right]^{3.33} \tag{B.1.1-2}$$

E_a——沥青混合料20℃时的动态压缩模量（MPa）；

VFA——沥青混合料的沥青饱和度（%），根据混合料设计结果或按现行《公路沥青路面施工技术规范》（JTG F40）的有关规定确定；

h_a——沥青混合料层厚度（mm）；

k_{T1}——温度调整系数，按本规范附录G确定；

ε_a——沥青混合料层层底拉应变（10^{-6}）；根据弹性层状体系理论，按本规范第6.2.2条的规定选取计算点，按式（B.1.1-3）计算：

$$\varepsilon_a = p\,\bar{\varepsilon}_a \tag{B.1.1-3}$$

$$\bar{\varepsilon}_a = f\left(\frac{h_1}{\delta}, \frac{h_2}{\delta}, \cdots, \frac{h_{n-1}}{\delta}; \frac{E_2}{E_1}, \frac{E_3}{E_2}, \cdots, \frac{E_0}{E_{n-1}}\right)$$

$\bar{\varepsilon}_a$——理论拉应变系数；

p，δ——标准轴载的轮胎接地压强（MPa）和当量圆半径（mm）；

E_0——路基顶面回弹模量（MPa）；

h_1，h_2，…，h_{n-1}——各结构层厚度（mm）；

E_1，E_2，…，E_{n-1}——各结构层模量（MPa）。

表 B.1.1　季节性冻土地区调整系数 k_a

冻　区	重　冻　区	中　冻　区	轻　冻　区	其他地区
冻结指数 F（℃·d）	≥2 000	2 000～800	800～50	≤50
k_a	0.60～0.70	0.70～0.80	0.80～1.00	1.00

B.1.2　沥青混合料层的疲劳开裂寿命应大于设计使用年限内设计车道的当量设计轴载累计作用次数。否则，应调整路面结构方案，重新验算，直至满足要求。

B.2　无机结合料稳定层疲劳开裂验算

B.2.1　无机结合料稳定层的疲劳开裂寿命应根据路面结构分析得到的各无机结合料稳定层层底拉应力，按式（B.2.1-1）计算。

$$N_{f2} = k_a k_{T2}^{-1} 10^{a - b\frac{\sigma_t}{R_s} + k_c - 0.57\beta} \tag{B.2.1-1}$$

式中：N_{f2}——无机结合料稳定层的疲劳开裂寿命（轴次）；

k_a——季节性冻土地区调整系数，按表 B.1.1 确定；

k_{T2}——温度调整系数，根据本规范附录 G 确定；

R_s——无机结合料稳定类材料的弯拉强度（MPa）；

a，b——疲劳试验回归参数，按表 B.2.1-1 确定；

k_c——现场综合修正系数，按式（B.2.1-2）确定；

$$k_c = c_1 e^{c_2(h_a + h_b)} + c_3 \tag{B.2.1-2}$$

c_1，c_2，c_3——参数，按表 B.2.1-2 取值；

h_a，h_b——分别为沥青混合料层和计算点以上无机结合料稳定层厚度；

β——目标可靠指标，根据公路等级按表 3.0.1 取值；

σ_t——无机结合料稳定层的层底拉应力（MPa），根据弹性层状体系理论，按本规范第 6.2.2 条的规定选取计算点，按式（B.2.1-3）计算：

$$\sigma_t = p\,\bar{\sigma}_t \tag{B.2.1-3}$$

$$\bar{\sigma}_t = f\left(\frac{h_1}{\delta}, \frac{h_2}{\delta}, \cdots, \frac{h_{n-1}}{\delta}; \frac{E_2}{E_1}, \frac{E_3}{E_2}, \cdots, \frac{E_0}{E_{n-1}}\right)$$

$\bar{\sigma}_t$——理论拉应力系数；

其他符号意义同式（B.1.1-3）。

表 B. 2. 1-1　无机结合料稳定层疲劳破坏模型参数

材 料 类 型	a	b
无机结合料稳定粒料	13. 24	12. 52
无机结合料稳定土	12. 18	12. 79

表 B. 2. 1-2　现场综合修正系数 k_c 相关参数

材料类型	新建路面结构层或改建工程既有路面结构层		改建工程加铺层	
	无机结合料稳定粒料	无机结合料稳定土	无机结合料稳定粒料	无机结合料稳定土
c_1	14. 0	35. 0	18. 5	21. 0
c_2	-0. 007 6	-0. 015 6	-0. 01	-0. 012 5
c_3	-1. 47	-0. 83	-1. 32	-0. 82

B. 2. 2　无机结合料稳定层的疲劳开裂寿命应大于设计使用年限内设计车道的当量设计轴载累计作用次数。否则，应调整路面结构组合或层厚，重新验算，直至满足要求。

B. 3　沥青混合料层永久变形量验算

B. 3. 1　应按下列要求对各沥青混合料层进行分层，分别计算各分层的永久变形量：

1　表面层，采用 10～20mm 为一分层。

2　第二层沥青混合料层，每一分层厚度应不大于 25mm。

3　第三层沥青混合料层，每一分层厚度应不大于 100mm。

4　第四层及其以下沥青混合料层，作为一个分层。

B. 3. 2　根据标准条件下的车辙试验，得到各层沥青混合料的车辙试验永久变形量，按式（B. 3. 2-1）计算各分层的永久变形量和沥青混合料层总的永久变形量。

$$R_a = \sum_{i=1}^{n} R_{ai} \qquad \text{(B. 3. 2-1)}$$

$$R_{ai} = 2.31 \times 10^{-8} k_{Ri} T_{pef}^{2.93} p_i^{1.80} N_{e3}^{0.48} (h_i/h_0) R_{0i}$$

式中：R_a——沥青混合料层永久变形量（mm）；

R_{ai}——第 i 分层永久变形量（mm）；

n——分层数；

T_{pef}——沥青混合料层永久变形等效温度（℃），根据本规范附录 G 确定；

N_{e3}——设计使用年限内或通车至首次针对车辙维修的期限内，设计车道上当量设计轴载累计作用次数，按本规范附录 A 计算；

h_i——第 i 分层厚度（mm）；

h_0——车辙试验试件的厚度（mm）；

R_{0i}——第 i 分层沥青混合料在试验温度为60℃，压强为0.7MPa，加载次数为2 520次时，车辙试验永久变形量（mm）；

k_{Ri}——综合修正系数，按式（B.3.2-2）~式（B.3.2-4）计算；

$$k_{Ri} = (d_1 + d_2 \cdot z_i) \cdot 0.9731^{z_i} \tag{B.3.2-2}$$

$$d_1 = -1.35 \times 10^{-4} h_a^2 + 8.18 \times 10^{-2} h_a - 14.50 \tag{B.3.2-3}$$

$$d_2 = 8.78 \times 10^{-7} h_a^2 - 1.50 \times 10^{-3} h_a + 0.90 \tag{B.3.2-4}$$

z_i——沥青混合料层第 i 分层深度（mm），第一分层取为15mm，其他分层为路表距分层中点的深度；

h_a——沥青混合料层厚度（mm），h_a 大于200mm时，取200mm。

p_i——沥青混合料层第 i 分层顶面竖向压应力（MPa），根据弹性层状体系理论，按本规范第6.2.2条的规定选取计算点，按式（B.3.2-5）计算：

$$p_i = p\,\overline{p_i} \tag{B.3.2-5}$$

$$\overline{p_i} = f\left(\frac{h_1}{\delta}, \frac{h_2}{\delta}, \cdots, \frac{h_{n-1}}{\delta}; \frac{E_2}{E_1}, \frac{E_3}{E_2}, \cdots, \frac{E_0}{E_{n-1}}\right)$$

$\overline{p_i}$——理论压应力系数；

其他符号意义同式（B.1.1-3）。

B.3.3 验算所得的沥青混合料层永久变形量应满足表3.0.6-1的容许永久变形量要求。否则，应调整沥青混合料设计，直至满足要求。

B.3.4 满足沥青混合料层容许永久变形量要求的沥青混合料，尚应满足本规范第5.5.7条标准车辙试验的动稳定度要求，其永久变形量 R_0 对应的稳定度可用作沥青混合料的质量要求和施工控制指标。标准车辙试验温度为60℃，压强为0.7MPa，试件厚度为50mm，加载次数为2 520次时沥青混合料的动稳定度 DS，可根据永久变形量 R_0 按式（B.3.4）计算。

$$DS = 9365 R_0^{-1.48} \tag{B.3.4}$$

式中：DS——沥青混合料动稳定度（次/mm）。

B.4 路基顶面竖向压应变验算

B.4.1 路基顶面的容许竖向压应变应按式（B.4.1）计算确定。

$$[\varepsilon_z] = 1.25 \times 10^{4-0.1\beta} (k_{T3} N_{e4})^{-0.21} \tag{B.4.1}$$

式中：$[\varepsilon_z]$——路基顶面容许竖向压应变（10^{-6}）；

β——目标可靠指标，根据公路等级，按表3.0.1取值；

N_{e4}——设计使用年限内设计车道上的当量设计轴载累计作用次数，按本规范附录 A 计算；

k_{T3}——温度调整系数，按本规范附录 G 确定。

B.4.2 应按本规范第 6.2.2 条的规定选取计算点，根据弹性层状体系理论，按式（B.4.2）计算路基顶面竖向压应变。路基顶面竖向压应变应小于容许压应变值。否则，调整路面结构方案，重新验算，直至满足要求。

$$\varepsilon_z = p\,\bar{\varepsilon}_z \tag{B.4.2}$$

$$\bar{\varepsilon}_z = f\left(\frac{h_1}{\delta},\frac{h_2}{\delta},\cdots,\frac{h_{n-1}}{\delta},\frac{E_2}{E_1},\frac{E_3}{E_2},\cdots,\frac{E_0}{E_{n-1}}\right)$$

式中：$\bar{\varepsilon}_z$——理论竖向压应变系数；

其他符号意义同式（B.1.1-3）。

B.5 沥青面层低温开裂指数验算

B.5.1 季节性冻土地区沥青面层，应按式（B.5.1）验算其低温开裂指数 CI。

$$CI = 1.95\times10^{-3}S_t\lg b - 0.075(T + 0.07h_a)\lg S_t + 0.15 \tag{B.5.1}$$

式中：CI——沥青面层低温开裂指数；

T——路面低温设计温度（℃），为连续 10 年年最低气温平均值；

S_t——在路面低温设计温度加 10℃ 试验温度条件下，表面层沥青弯曲梁流变试验加载 180s 时蠕变劲度（MPa）；

h_a——沥青结合料类材料层厚度（mm）；

b——路基类型参数，砂 $b=5$，粉质黏土 $b=3$，黏土 $b=2$。

B.5.2 沥青面层的低温开裂指数值，应满足表 3.0.6-2 的要求。否则，应改变所选用的沥青材料，直至满足要求。

B.6 防冻厚度验算

B.6.1 季节性冻土地区路基为中湿或潮湿状态时，应按式（B.6.1）计算公路多年最大冻深。

$$Z_{max} = abcZ_d \tag{B.6.1}$$

式中：Z_{max}——公路多年最大冻深（mm）；

Z_d——大地多年最大冻深（mm），根据调查资料确定；

a——大地冻深范围内路基、路面各层材料热物性系数，按表 B.6.1-1 确定；

b——路基湿度系数，按表 B. 6. 1-2 确定；

c——路基断面形式系数，根据表 B. 6. 1-3 按内插法确定。

表 B. 6. 1-1　路基、路面材料热物性系数 a

路基材料	黏质土	粉质土	粉土质砂	细粒土质砂、黏土质砂	含细粒土质砾（砂）
热物性系数	1. 05	1. 10	1. 20	1. 30	1. 35
路面材料	水泥混凝土	沥青结合料类	级配碎石	二灰或水泥稳定粒料	二灰土及水泥土
热物性系数	1. 40	1. 35	1. 45	1. 40	1. 35

表 B. 6. 1-2　路基湿度系数 b

干 湿 类 型	干　　燥	中　　湿	潮　　湿
湿度系数	1. 0	0. 95	0. 90

表 B. 6. 1-3　路基断面形式系数 c

填挖形式和高（深）度	路基填土高度					路基挖方深度			
	零填	＜2m	2～4m	4～6m	＞6m	＜2m	2～4m	4～6m	＞6m
断面形式系数	1. 0	1. 02	1. 05	1. 08	1. 10	0. 98	0. 95	0. 92	0. 90

B. 6. 2　根据公路多年最大冻深，按表 B. 6. 2 的规定验算路面的防冻厚度。路面结构厚度小于表 B. 6. 2 规定的最小防冻厚度时，应增设防冻层，使其满足最小防冻厚度的要求。

表 B. 6. 2　沥青路面结构最小防冻厚度（mm）

路基土质	基层、底基层材料类型	对应于以下公路多年最大冻深 Z_{max}（mm）和路基干湿类型的最小防冻厚度							
		中湿				潮湿			
		500～1 000	1 000～1 500	1 500～2 000	＞2 000	500～1 000	1 000～1 500	1 500～2 000	＞2 000
黏性土、细亚砂土	粒料类	400～450	450～500	500～600	600～700	450～550	550～600	600～700	700～800
	水泥或石灰稳定类、水泥混凝土	350～400	400～450	450～550	550～650	400～500	500～550	550～650	650～750
	水泥粉煤灰或石灰粉煤灰稳定类、沥青结合料类	300～350	350～400	400～500	500～550	350～450	450～500	500～550	550～700

续表 B.6.2

路基土质	基层、底基层材料类型	对应于以下公路多年最大冻深 Z_{max}（mm）和路基干湿类型的最小防冻厚度							
		中湿				潮湿			
		500～1 000	1 000～1 500	1 500～2 000	>2 000	500～1 000	1 000～1 500	1 500～2 000	>2 000
粉性土	粒料类	450～500	500～600	600～700	700～750	500～600	600～700	700～800	800～1000
	水泥或石灰稳定类、水泥混凝土	400～450	450～500	500～600	600～700	450～550	550～650	650～700	700～900
	水泥粉煤灰或石灰粉煤灰稳定类、沥青结合料类	300～400	400～450	450～500	500～650	400～500	500～600	600～650	650～800

注：1. 在《公路自然区划标准》（JTJ 003—86）中，对潮湿系数小于0.5的地区，Ⅱ、Ⅲ、Ⅳ等干旱地区的防冻厚度可比表中值减少15%～20%。
2. 对Ⅱ区砂性土路基防冻厚度应相应减少5%～10%。
3. 公路多年最大冻深大时，靠近上限取值，反之靠近下限取值。
4. 基层、底基层采用不同材料类型时，按厚度较大的材料类型确定。

B.7 设计路面结构的验收弯沉值

B.7.1 路基顶面验收弯沉值 l_g，应按式（B.7.1）计算。

$$l_g = \frac{176pr}{E_0} \tag{B.7.1}$$

式中：l_g——路基顶面验收弯沉值（0.01mm）；

p——落锤式弯沉仪承载板施加荷载（MPa）；

r——落锤式弯沉仪承载板半径（mm）；

E_0——平衡湿度状态下路基顶面回弹模量（MPa）。

B.7.2 宜采用落锤式弯沉仪进行路基验收，落锤式弯沉仪荷载为50kN，荷载盘半径应为150mm。路基顶面实测代表弯沉值 l_0 应符合式（B.7.2-1）的要求。

$$l_0 \leqslant l_g \tag{B.7.2-1}$$

式中：l_g——路基顶面验收弯沉值（0.01mm）；

l_0——路段内实测的路基顶面弯沉代表值（0.01mm），以1～3km为一评定路段，按式（B.7.2-2）计算：

$$l_0 = (\bar{l}_0 + \beta \cdot s)K_1 \tag{B.7.2-2}$$

$\bar{l}_0$——路段内实测路基顶面弯沉平均值（0.01mm）；

s——路段内实测路基顶面弯沉标准差（0.01mm）；

β——目标可靠指标，根据公路等级按表 3.0.1 取值；

K_1——路基顶面弯沉湿度影响系数，根据当地经验确定。

B.7.3 路表验收弯沉值 l_a，应根据设计路面结构，采用弹性层状体系理论按式（B.7.3）计算。路面结构层参数应与路面结构验算时相同。路基顶面回弹模量应采用平衡湿度状态下路基顶面回弹模量乘以模量调整系数 k_l。

$$l_a = p\bar{l}_a \tag{B.7.3}$$

$$\bar{l}_a = f\left(\frac{h_1}{\delta},\frac{h_2}{\delta},\cdots,\frac{h_{n-1}}{\delta};\frac{E_2}{E_1},\frac{E_3}{E_2},\cdots,\frac{k_l E_0}{E_{n-1}}\right)$$

式中：$\bar{l}_a$——理论弯沉系数；

k_l——路基顶面回弹模量调整系数，无机结合料稳定类基层沥青路面和水泥混凝土基层沥青路面，取 0.5；粒料类基层沥青路面和沥青结合料类基层沥青路面，当采用无机结合料稳定底基层时，取 0.5，否则取 1.0；

E_0——平衡湿度状态下路基顶面回弹模量（MPa）。

其他符号意义同式（B.1.1-3）。

B.7.4 路面交（竣）工时应对路表弯沉值进行检测。落锤式弯沉仪中心点弯沉代表值应符合式（B.7.4-1）要求：

$$l_0 \leq l_a \tag{B.7.4-1}$$

式中：l_a——路表验收弯沉值（0.01mm）；

l_0——路段内实测路表弯沉代表值（0.01mm），以 1～3km 为一个评定路段，按（B.7.4-2）计算：

$$l_0 = (\bar{l}_0 + \beta \cdot s)K_1 K_3 \tag{B.7.4-2}$$

$\bar{l}_0$——路段内实测路表弯沉平均值（0.01mm）；

s——路段内实测路表弯沉标准差（0.01mm）；

β——目标可靠指标，根据公路等级按表 3.0.1 取值；

K_1——路表弯沉湿度影响系数，根据当地经验确定；

K_3——路表弯沉温度影响系数，按式（B.7.4-3）确定；

$$K_3 = e^{[9\times10^{-6}(\ln E_0-1)h_a+4\times10^{-3}](20-T)} \tag{B.7.4-3}$$

T——弯沉测定时沥青结合料类材料层中点实测或预估温度（℃）；

h_a——沥青结合料类材料层厚度（mm）；

E_0——平衡湿度状态下路基顶面回弹模量（MPa）。

附录 C　沥青路面结构方案

C.0.1　不同交通荷载等级时，沥青路面结构层厚度组合可参照表 C.0.1-1 ~ 表 C.0.1-6选用，也可根据当地工程经验确定。

表 C.0.1-1　无机结合料稳定类基层（粒料类底基层）路面厚度范围（mm）

交通荷载等级	极重、特重	重	中等	轻
面层	250 ~ 150	250 ~ 150	200 ~ 100	150 ~ 20
基层（无机结合料稳定类）	600 ~ 350	550 ~ 300	500 ~ 250	450 ~ 150
底基层（粒料类）	200 ~ 150			

表 C.0.1-2　无机结合料稳定类基层（无机结合料稳定类底基层）路面厚度范围（mm）

交通荷载等级	极重、特重	重	中等	轻
面层	250 ~ 120	250 ~ 100	200 ~ 100	150 ~ 20
基层（无机结合料稳定类）	500 ~ 250	450 ~ 200	400 ~ 150	500 ~ 200
底基层（无机结合料稳定类）	200 ~ 150			—

表 C.0.1-3　粒料类基层（粒料类底基层）路面厚度范围（mm）

交通荷载等级	重	中等	轻
面层	350 ~ 200	300 ~ 150	200 ~ 100
基层（粒料类）	450 ~ 350	400 ~ 300	350 ~ 250
底基层（粒料类）	200 ~ 150		

表 C.0.1-4　沥青结合料类基层（粒料底基层）路面厚度范围（mm）

交通荷载等级	重	中等	轻
面层	150 ~ 120	120 ~ 100	80 ~ 40
基层（沥青结合料类）	250 ~ 200	220 ~ 180	200 ~ 120
底基层（粒料类）	400 ~ 300	400 ~ 300	350 ~ 250

表 C.0.1-5　沥青结合料类基层（无机结合料稳定类底基层）路面厚度范围（mm）

交通荷载等级	极重、特重	重	中等	轻
面层	120 ~ 100	120 ~ 100	100 ~ 80	80 ~ 40
基层（沥青结合料类）	180 ~ 120	150 ~ 100	150 ~ 100	100 ~ 80
底基层（无机结合料稳定类）	600 ~ 300	600 ~ 300	550 ~ 250	450 ~ 200

表 C.0.1-6　沥青结合料类基层（粒料＋无机结合料底基层）路面厚度范围（mm）

交通荷载等级	极重、特重	重	中等	轻
面层	120～100	120～100	100～80	80～40
基层（沥青结合料类）	240～160	180～120	160～100	100～80
底基层（粒料类）	200～150	200～150	200～150	200～150
底基层（无机结合料类）	400～200	400～200	350～200	250～150

C.0.2　结构层厚度应根据交通荷载等级、路基承载能力等因素选择。交通荷载等级高、路基承载能力弱时宜取靠近高限的厚度或参照高一个交通荷载等级的路面厚度范围，反之可靠近低限取值或参照低一个交通荷载等级的路面厚度范围。

附录 D 粒料类材料回弹模量试验方法

D.1 适用范围

D.1.1 本方法适用于采用动态三轴压缩试验测试粒料类材料的回弹模量。

D.1.2 成型试件可采用冲击压实、静载压实和振动压实等方法。

D.2 仪器设备

D.2.1 动三轴试验仪根据传感器位置可分为外置式和内置式，如图 D.2.1 所示。

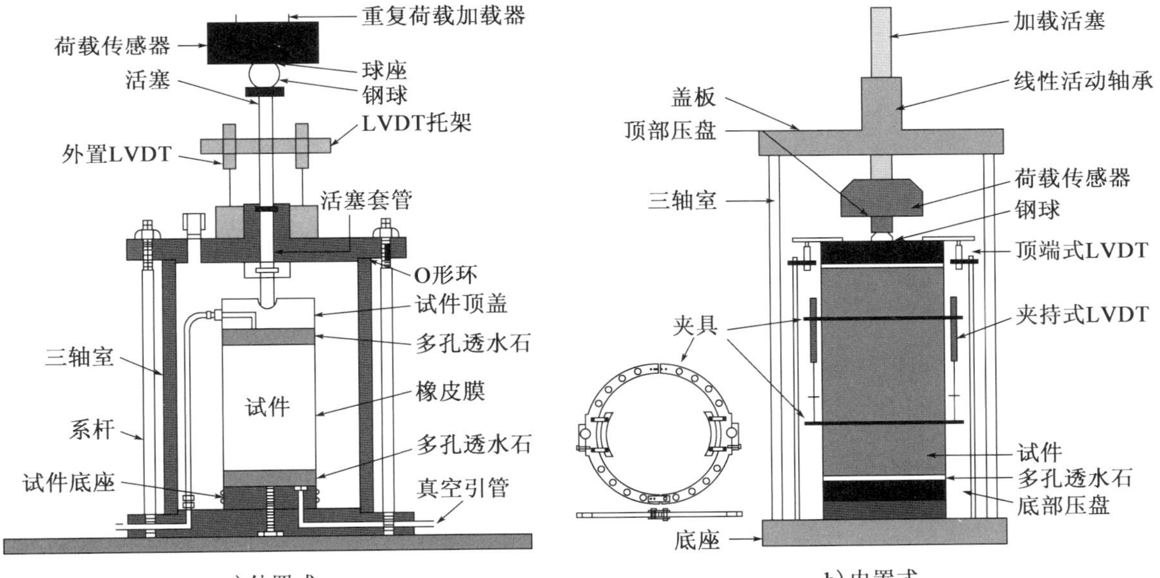

图 D.2.1 动三轴试验仪

D.2.2 三轴压力室应采用聚碳酸酯、丙烯酸或其他透明材料制成，侧压宜采用气压。

D.2.3 加载应为顶部加载式，宜采用闭路电液压或电气压装置，应能够产生图 D.2.3 所示的重复循环半正矢脉冲荷载，荷载波形应能实时显示。

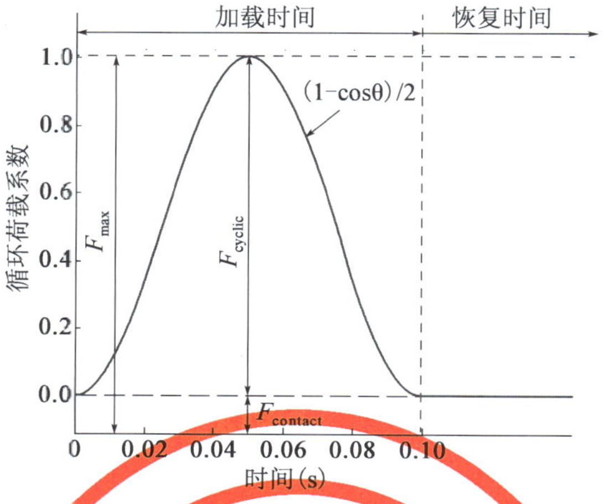

图 D.2.3 半正矢形加载波

D.2.4 轴向荷载测量应采用电子荷载传感器。加载能力和精度应满足表 D.2.4 的要求。

表 D.2.4 荷载传感器加载能力和精度要求

试件直径（mm）	加载能力（kN）	精度要求（N）
100	≥9.0	±18.0
150	≥22.0	±22.0

D.2.5 轴向变形测量可采用光学变形测量仪、非接触式逼近传感器和线性可变差动传感器。各类传感器应满足下列要求：

1 光学变形测量仪应采用模拟数字输出信号，分辨率应不低于 0.005mm，频率响应应不小于 200Hz，线性度应不大于 ±1%，位移量程应不小于 12.7mm，可测量长度范围为 63.5～127.0mm。

2 非接触式逼近传感器和线性可变差动传感器应满足表 D.2.5 的要求。

表 D.2.5 非接触式逼近传感器和线性可变差动传感器技术要求

试件直径（mm）	最小量程（mm）	试件回弹位移*（mm）	最小 AC 输出（mV）	线性可变差动传感器最小灵敏度（mV/V）	非接触式逼近传感器最小灵敏度（mV/V）
150	±6.0	0.025	6	2.1	—
100	±2.5	0.015	5	2.8	5

注 *：指在 2 倍直径高度试件中部 1/2 部位所测得的最小回弹位移。当采用其他测量长度时，应对其进行修正。

D.2.6 数据采集系统应能自动处理数据，配备信号激励、调节和采集装置，测量精度不低于 ±0.02%，非线性度不大于 ±0.5%。

D.2.7 三轴室应采用承压能力不小于210kPa、精度不低于1.0kPa的压力调整器控制，压力应采用常规压力表、压力计或压力传感器监测，精确至1.0kPa。

D.2.8 其他工具应包括测径器、千分尺、标定至0.5mm的钢尺、0.25～0.79mm厚的橡皮膜、橡皮O形环、带气室和调整器的真空源、张膜器、6.4mm厚多孔透水石或多孔透水青铜垫盘、天平、湿量罐、数据记录表和报告表。

D.3 试件准备

D.3.1 最大粒径大于19mm粒料类材料的试件尺寸为：直径×高度=ϕ150mm×300mm，制备试件时应筛除粒径大于26.5mm的颗粒。最大粒径小于19mm粒料类材料的试件尺寸为：直径×高度=ϕ100mm×200mm。

D.3.2 室内压实试件目标含水率应采用击实试验的最佳含水率，室内压实试件含水率与目标含水率偏差不应超过±0.5%。

D.3.3 室内压实试件应采用与现场压实度要求相应的干密度，缺少现场压实度时可采用击实试验最大干密度的95%，室内压实密度与目标压实度偏差不应超过±1.0%。

D.4 试验步骤

D.4.1 每组试验前，应对测试系统进行校准。

D.4.2 应按下列步骤和要求组装试件：

1 在试件下依次放置底部压盘和预先浸湿的多孔透水石。当透水石存在堵塞问题时，应在试件与透水石间放置预先浸湿的滤纸。

2 将试件置于透水石上，将橡皮膜置于张膜器上。对张膜器施加真空作用，在试件上套装橡皮膜，并依次加放预先浸湿的透水石和顶部压盘，然后取消真空作用并移去张膜器。

3 将橡皮膜折叠合拢，用橡皮O形环或其他压力密封措施将橡皮膜两端封于底部与顶部压盘。橡皮膜与试件和两端压盘间应保持紧密接触，不透气，可在端部压盘四周敷设真空油。

D.4.3 将组装好的试件置于三轴室基座上。通过气室媒体将试件底部的排水管与真空源连接，然后施加35kPa的真空荷载。当存在气泡时，应检查并消除引起泄漏的原因。对因橡皮膜有漏洞引起的泄漏，可采用在橡皮膜表面涂抹液态乳胶或套装第二个橡皮膜等方法来消除。泄漏现象被排除后，断开真空源，并仔细清洁用于密封的O形环和其所有接触面。

D.4.4 应按下列步骤和要求组装设备：

1 盖上三轴室顶板，插入加载活塞，使之与荷载传感器紧密连接，同时连接活塞杆和加载装置。用扳手均匀拧紧系杆，并在底座上栓牢三轴室。检查三轴室顶板，确保其在一水平面内，可用校核好的水平仪检查。

2 对固定不动的三轴室，将试件置于轴向重复加载装置下，用光滑的钢球连接加载装置和试件，当活塞与钢球接触紧密并有少量荷载作用于试件时，慢慢旋转钢球，对中试件，确保钢球与活塞同轴，并侧向移动试件以获得同轴荷载。

3 对可移动的三轴室，将其移至轴向重复加载装置下并准确定位，确保能对试件施加准确的轴心荷载。

4 安装轴向位移测量系统，并进行检验。

D.4.5 打开所有连接试件的排水管阀门，连通围压供给管和三轴室，对试件施加105.0kPa的预载围压。对试件至少施加1 000次、最大轴向应力为231.0kPa的半正矢脉冲荷载，加载时长为0.1s，恢复时长为0.9s。当试件垂直永久变形达到试件高度的5%时，应停止预载，分析试件变形过大原因，必要时应重新制备试件测试。当预载期间试件垂直永久变形再次达到5%时，应停止试验，并记录说明。

D.4.6 按表D.4.6的加载序列1，将最大轴向应力调整为14.0kPa，围压调整为20.0kPa。在相应的轴向循环应力水平下，对试件施加100次半正矢脉冲荷载，加载时间为0.1s，恢复时间为0.9s，记录最后5次循环的回弹变形平均值。完成加载序列1之后，按加载序列2至加载序列25依次改变应力水平进行以上测试，并记录每个加载序列最后5次循环的回弹变形平均值。试验过程中，当试件垂直永久变形达到试件高度的5%时，应停止试验并记录结果。

表D.4.6 加载序列

加载序列号	围压应力 σ_3（kPa）	接触应力 $0.2\sigma_3$（kPa）	循环偏应力 σ_d（kPa）	最大轴向应力 σ_{max}（kPa）	荷载作用次数
0-预载	105	21	210	231	1000
1	20	4	10	14	100
2	20	4	20	24	100
3	20	4	40	44	100
4	20	4	60	64	100
5	20	4	80	84	100
6	40	8	20	28	100
7	40	8	40	48	100

续表 D. 4. 6

加载序列号	围压应力 σ_3（kPa）	接触应力 $0.2\sigma_3$（kPa）	循环偏应力 σ_d（kPa）	最大轴向应力 σ_{mac}（kPa）	荷载作用次数
8	40	8	80	88	100
9	40	8	120	128	100
10	40	8	160	168	100
11	70	14	35	49	100
12	70	14	70	84	100
13	70	14	140	154	100
14	70	14	210	224	100
15	70	14	280	294	100
16	105	21	50	71	100
17	105	21	105	126	100
18	105	21	210	231	100
19	105	21	315	336	100
20	105	21	420	441	100
21	140	28	70	98	100
22	140	28	140	168	100
23	140	28	280	308	100
24	140	28	420	448	100
25	140	28	560	588	100

D. 4. 7 测试完成后，将围压降为 0，移出试件，去掉橡皮膜，测试试件含水率并记录。

D. 5 回弹模量计算

D. 5. 1 应按每个加载序列最后 5 次循环的回弹变形计算回弹模量，计算全部序列的均值。

D. 5. 2 应根据测试所得的相关数据和式（D. 5. 2）所示的回弹模量本构模型，采用非线性拟合技术，确定模型参数 k_1、k_2 和 k_3。

$$M_R = k_1 p_a \left(\frac{\theta}{p_a}\right)^{k_2} \left(\frac{\tau_{oct}}{p_a} + 1\right)^{k_3} \qquad (D.5.2)$$

式中：M_R——回弹模量（MPa）；

θ——体应力（MPa）；

$$\theta = \sigma_1 + \sigma_2 + \sigma_3$$

σ_1，σ_2，σ_3——主应力（MPa）；

τ_{oct}——八面体剪应力（MPa）；

$$\tau_{oct} = \sqrt{(\sigma_1 - \sigma_2)^2 + (\sigma_1 - \sigma_3)^2 + (\sigma_2 - \sigma_3)^2}/3$$

k_i——回归常数，k_1、$k_2 \geq 0$，$k_3 \leq 0$；

p_a——参考气压（MPa）。

D.6 试验报告

D.6.1 试验报告中应记录的试件信息数据包括：试件个数、尺寸、压实度和含水率，以及加载过程中永久变形量是否达到5%。

D.6.2 试验报告中应记录的试验数据包括：每加载序列的围压，名义最大轴向应力，最后5次循环的轴向荷载、轴向应力、轴向回弹变形和回弹模量及回弹模量标准差，本构模型回归参数 k_1、k_2 和 k_3，标准估计误差与标准差之比，相关系数的平方。

附录 E 无机结合料稳定类材料单轴压缩模量试验方法

E.1 适用范围

E.1.1 本方法适用于无机结合料稳定类材料试件侧面法单轴压缩弹性模量试验。

E.1.2 可室内成型或现场钻取试件。

E.2 仪器设备

E.2.1 应采用配备伺服液压或气压材料试验系统的试验机，测量精度不应低于±1%，加载速度应由电脑控制，应能实现均匀连续地加载卸载，并应能保持固定荷载，最大量程不应小于300kN。

E.2.2 加载板可采用硬质钢板或高强度铝板，其直径应不小于试件直径，应分别置于试件的底部和顶部。

E.2.3 轴向变形 Δl 应采用位移传感器从试件侧面量取，位移传感器的量程不应小于5mm，分辨率应能达到1μm。测点应位于试件侧面中部3条偏移角度为120°的平行直线上，测点间距 L 不应小于集料最大粒径的4倍。试件顶面距离测点端部不应小于15mm。

E.2.4 应按图E.2.4所示安装位移传感器，刚性环应通过螺栓固定在圆柱体试件侧面，螺栓端部应为半球形。3个位移传感器应固定在其中一个刚性环上。

E.2.5 应采用电脑控制数据采集系统，应记录每隔0.01s的荷载和试件轴向变形。

E.2.6 试件切割机宜采用双面锯，能保证试件两个锯面平行时可采用单面锯。

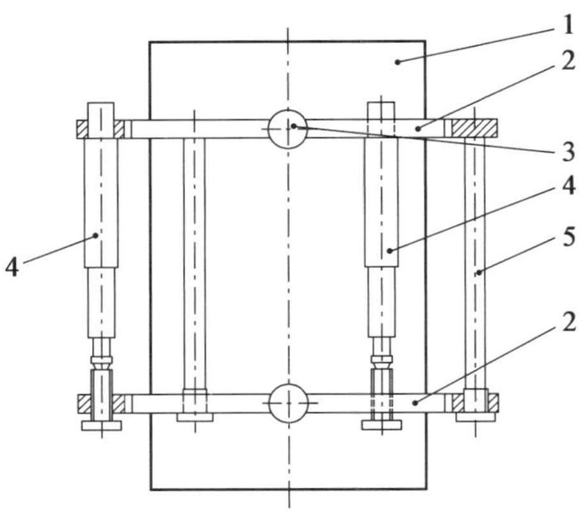

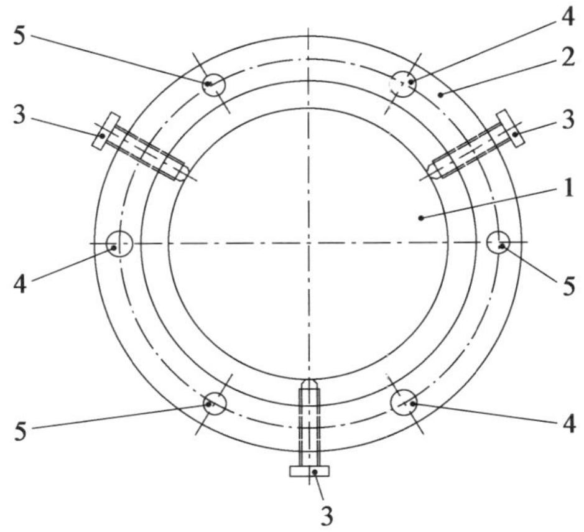

图 E. 2. 4　传感器安装图

1-试件；2-刚性环；3-螺栓；4-传感器；5-可拆卸螺栓

E. 3　试件准备

E. 3. 1　可根据现行《公路工程无机结合料稳定材料试验规程》（JTG E51）T 0843 成型圆柱体试件，也可从成型梁式试件或路面现场钻取试件。试件应形状规则、侧面光滑平整，可采用 3 种试件规格：直径 × 高度 = ϕ100mm × 150mm、直径 × 高度 = ϕ150mm × 150mm 或直径 × 高度 = ϕ150mm × 300mm。

E. 3. 2　采用切割机切割试件两端，应保证试件高度为 150mm ± 2. 5mm 或 300mm ± 2. 5mm。端面沿直径方向沟纹允许高差为 ± 0. 05mm，试件上下端面与试件轴向应垂直，允许偏差为 ± 1°，否则应舍弃该试件。

E. 3. 3　在试件中部和距上下表面 1/3 试件高度的 3 个位置测定其直径，每个位置量测 2 次，每测一次后，将试件旋转 90°再测一次，然后计算 6 个直径测量值的平均值和标准差，允许标准差为 2. 5mm，不满足时应舍弃该试件。对直径符合要求的试件，后续计算中直径取 6 个直径测量值的平均值，精确至 0. 1mm。

E. 3. 4　试件上下两个端面应采用水泥净浆彻底抹平。将试件直立桌面上，在上端面用早强水泥净浆薄涂一层后，应在表面撒少量粒径为 0. 25 ~ 0. 5mm 的细砂，并用直径大于试件的平面圆形钢板放在顶面，加压旋转圆钢板，使顶面齐平，边旋转边平移并迅速取下钢板。当净浆黏附于钢板上时，应重新用净浆抹平，并重复上述步骤。一个端面整平后，放置 4h 以上，按同样方法整平另一端面。整平后试件尺寸应满足本规范第附录 E. 3. 2 条的要求。

E. 3. 5　应根据现行《公路工程无机结合料稳定材料试验规程》（JTG E51）T 0845

规定对试件进行标准养生或快速养生。

E.3.6 对无机结合料稳定土和无机结合料稳定公称最大粒径不大于26.5mm的粒料，试件不应少于9个；对无机结合料稳定公称最大粒径大于26.5mm的粒料，试件不应少于15个。

E.4 试验步骤

E.4.1 试件应浸水24h，取出后擦干表面水称量，试件养生后与成型时的质量相差不应大于2%，否则试件失效。试件从搬出养生室到试验完成的时间间隔应尽量短。

E.4.2 在试件顶面撒少量粒径为0.25～0.50mm的细砂，将加载板置于试件顶面，边按压边旋转，应使砂填补试件表面不平整处，并使多余的砂流出。将试件放置在加载架上对应加载板中心位置，应使试件中心与加载架中心对齐。

E.4.3 压力机应以1mm/min的加载速度连续均匀施加荷载，直至试件破坏。

E.4.4 试件应变ε应取3个位移传感器测得的试件变形量平均值计算。试验过程中应记录荷载—应变曲线，如图E.4.4所示。当荷载—应变曲线起点不在0点位置或曲线起始有轻微振荡时，应修正曲线起点使（ε_3，$0.3F_r$）点与修正后的（0，0）点连线在曲线上为直线。

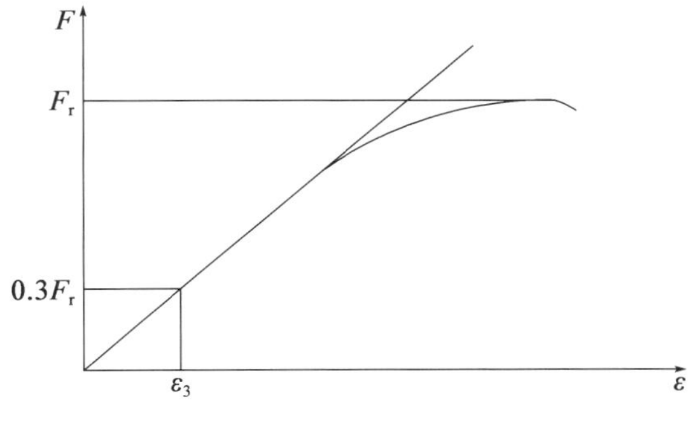

图E.4.4 荷载—应变曲线

E.4.5 应根据荷载—应变曲线得到最大荷载和对应0.3倍最大荷载时压应变，按式（E.4.5）计算弹性模量。

$$E = \frac{1.2F_r}{\pi \cdot D^2 \cdot \varepsilon_3} \qquad (E.4.5)$$

式中：E——弹性模量（MPa）；

F_r——最大荷载（N）；

D——试件直径（mm）；

ε_3——加载达到 $0.3F_r$ 时试件纵向压应变，$\varepsilon_3 = \Delta l / L$。

E.5 试验报告

E.5.1 弹性模量应修约为整数。

E.5.2 同一组试件试验中，应采用 3 倍均方差方法剔除异常值。

E.5.3 对无机结合料稳定土和无机结合料稳定最大粒径不大于 26.5mm 的粒料，试验结果变异系数不应超过 10%；对无机结合料稳定最大粒径大于 26.5mm 的粒料，试验结果变异系数不应超过 15%。不满足时，应增加试验数量，将新增试验结果与原试验结果合并重新统计变异系数，直至变异系数满足上述规定。

E.5.4 试验报告应包括试件成型方式、试件尺寸、试件成型时和试验时的质量、试件养生或存放条件、试件龄期、试验日期、各试件弹性模量值、试验结果的最小值和最大值、平均值、标准差和变异系数。

附录 F　沥青混合料单轴贯入强度试验方法

F.1　适用范围

F.1.1　本方法适用于测定沥青混合料的贯入强度，供沥青混合料配合比设计或施工完成后检验沥青混合料高温稳定性使用。

F.1.2　本方法适用于室内成型的沥青混合料试件和现场取芯沥青混合料试件的贯入强度测试。试验标准温度为 60℃，也可根据需要采用其他温度。

F.1.3　本方法适用于直径 100mm ± 2.0mm 或 150mm ± 2.0mm、高 100mm ± 2.0mm 的沥青混合料圆柱体试件，也可根据需要采用其他高度的圆柱体试件。

F.2　仪具与材料要求

F.2.1　宜采用万能材料试验机。其他路面材料试验设备也可使用，但应满足下列条件：

1　最大荷载应满足不超过其量程的 80%，且不小于量程的 20% 的要求，宜采用 10kN，分度值 10N。

2　具有环境保温箱，控温精度 ±0.5℃。

3　能符合加载速率保持 1mm/min 的要求。试验机宜有伺服系统，在加载过程中速率基本不变。

F.2.2　贯入压头材质应为 Q235 不锈钢，其洛氏硬度 HRC 应在 10 ~ 30 之间。压头上部为长 × 宽 × 厚 = 50mm × 50mm × 10mm 的薄板形；下部为圆柱体，对直径 150mm 试件，圆柱体直径 × 高 = ϕ42mm × 50mm，对直径 100mm 试件，圆柱体直径 × 高 = ϕ28.5mm × 50mm，如图 F.2.2 所示。

F.2.3　宜采用旋转压实仪进行试件成型，并控制沥青混合料试件空隙率为路面实际空隙率。

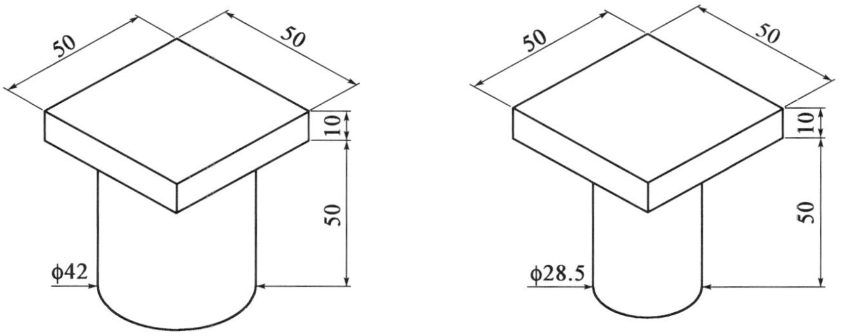

a）大压头　　b）小压头

图 F.2.2　贯入试验压头示意图（尺寸单位：mm）

F.2.4　其他设备：烘箱、卡尺、浸水天平等。

F.3　试件准备

F.3.1　按试验需求准备测试用沥青混合料试件。试件标准直径为150mm，混合料公称最大粒径小于或等于16mm时也可采用100mm的直径；试件高度为100mm。

F.3.2　当在拌和厂取样时，应将混合料装在保温桶中，在混合料温度下降至成型温度前迅速成型试件，不得采用混合料冷却后二次加热制作的试件。

F.3.3　室内成型试件宜按现行《公路工程沥青及沥青混合料试验规程》（JTG E20）中T 0736的规定进行，也可采用其他成型方法，但应满足试件尺寸要求。

F.3.4　室内成型后，普通沥青混合料试件在常温下放置时间不应小于12h，改性沥青混合料试件在常温下放置时间宜为48h，且放置时间不应超过7d。放置结束后，应按现行《公路工程沥青及沥青混合料试验规程》（JTG E20）中T 0705的规定测量试件空隙率。

F.3.5　当使用取芯机钻取路面芯样时，应保证芯样呈圆柱形，形状规则。当芯样两端不平滑时，应使用切割机切除不平滑部分。

F.3.6　将试件置于环境箱中，环境温度应稳定在60℃ ±0.5℃，保温时间宜为5～6h；当环境箱容量较小而试件较多时，也可把试件放在相同温度的烘箱中保温。试验前应将压头放入环境箱保温至试验温度。

F.4　试验步骤

F.4.1　将试件置于试验台上，贯入测试面应选取试件成型时接触压头的一面，调整试件位置使压头对准试件中心。

F.4.2 粗调压头位置使其距离试件表面约为1mm，然后继续微调压头位置使其与试件接触，直至接触压力接近0.05kN，接触压力不可超过0.05kN。

F.4.3 启动加载，加载速率为1mm/min，记录压力和位移，当应力值降为应力极值点90%时，停止试验。取破坏极值点强度作为试件贯入强度，如图F.4.3所示。

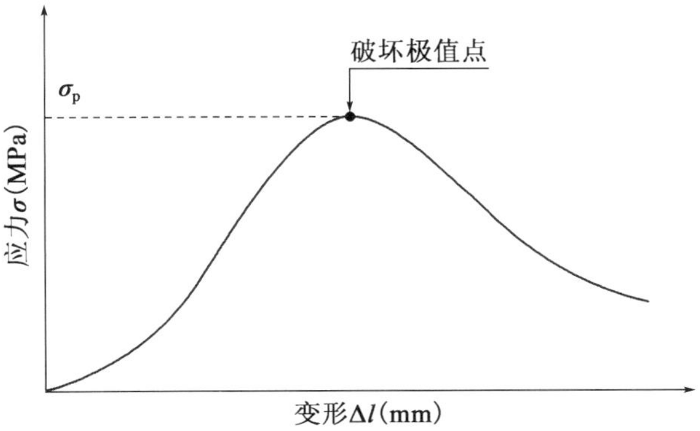

图 F.4.3 单轴贯入试验典型应力—变形图

F.5 数据处理

F.5.1 读取最大贯入荷载P，准确到1N。

F.5.2 按式（F.5.2）计算标准高度沥青混合料的贯入强度。

$$R_\tau = f_\tau \sigma_p \qquad \text{(F.5.2)}$$

$$\sigma_p = \frac{P}{A}$$

式中：R_τ——贯入强度（MPa）；

σ_p——贯入应力（MPa）；

P——试件破坏时的极限荷载（N）；

A——压头横截面面积（mm^2）；

f_τ——贯入应力系数，对直径150mm试件，$f_\tau = 0.35$；对直径100mm试件，$f_\tau = 0.34$。

F.5.3 对高度不为100mm的试件，应根据下列情况对贯入应力系数进行修正：

1 对直径为150mm的试件，按式（F.5.3-1）计算贯入应力系数，此时试件厚度应满足：38mm≤h＜100mm。

$$f_{\tau} = 0.0023h + 0.12 \quad (F.5.3\text{-}1)$$

2　对直径为 100mm 的试件，按式（F.5.3-2）计算贯入应力系数，此时试件厚度应满足：$38\text{mm} \leqslant h < 100\text{mm}$。

$$f_{\tau} = 0.0012h + 0.22 \quad (F.5.3\text{-}2)$$

3　按式（F.5.2）计算非标准高度试件的贯入强度。

F.5.4　对现场取芯的试件，其计算的贯入强度应再乘以修正系数 1.15。

F.6　报告

F.6.1　同一种沥青混合料或同一路段的路面，一组试验的平行试件宜为 5～6 个，取其平均值作为试验结果。当一组测定值中某个数据与平均值之差大于标准差的 k 倍时，该测定值应予舍弃，并以其余测定值的平均值作为试验结果，其有效数据不应少于 4 个。当试验数目 n 为 5、6 时，k 值分别为 1.67、1.82。

F.6.2　试验报告应注明试件尺寸、试件成型方式、试验温度，试件密度、空隙率、加载仪器类型和试验结果等，并注明试验日期。

附录 G 温度调整系数和等效温度

G.1 温度调整系数

G.1.1 路面结构沥青面层或基层（含底基层）由两层或两层以上不同材料结构层组成时，应按式（G.1.1-1）和式（G.1.1-2）分别换算成当量沥青面层和当量基层。对采用沥青结合料类基层的路面，将基层换算至当量沥青面层。超过2层时，重复利用式（G.1.1-1）和式（G.1.1-2）自上而下逐层换算，简化为由当量沥青面层、当量基层和路基构成的三层路面结构。

$$h_i^* = h_{i1} + h_{i2} \tag{G.1.1-1}$$

$$E_i^* = \frac{E_{i1}h_{i1}^3 + E_{i2}h_{i2}^3}{(h_{i1} + h_{i2})^3} + \frac{3}{h_{i1} + h_{i2}}\left(\frac{1}{E_{i1}h_{i1}} + \frac{1}{E_{i2}h_{i2}}\right)^{-1} \tag{G.1.1-2}$$

式中：h_i^*，E_i^*——当量层厚度（mm）和模量（MPa），下标 $i = \mathrm{a}$ 为沥青面层，$i = \mathrm{b}$ 为基层。

G.1.2 不同气温状况下基准路面结构的损坏，转换成标准温度（20℃）条件下基准路面结构的等效损坏，得到基准路面结构温度调整系数。部分地区各类路面结构设计指标的基准结构温度调整系数，可参照表G.1.2取用。其他地区的基准结构温度调整系数，可按气温条件相近地区的系数值取用，气温资料宜取连续10年的平均值。

表G.1.2 各地气温统计资料及相应的基准路面结构温度调整系数和等效温度

地名	省（自治区、直辖市）	最热月平均气温（℃）	最冷月平均气温（℃）	年平均气温（℃）	温度调整系数		基准等效温度（℃）
					沥青混合料层层底拉应变、无机结合料稳定层层底拉应力	路基顶面竖向压应变	
北京	北京	26.9	-2.7	13.1	1.23	1.09	20.1
济南	山东	28.0	0.2	15.1	1.32	1.17	21.8
日照	山东	26.0	-2.0	12.7	1.21	1.06	19.4
太原	山西	23.9	-5.2	10.5	1.12	0.98	17.3

续表 G.1.2

地名	省（自治区、直辖市）	最热月平均气温（℃）	最冷月平均气温（℃）	年平均气温（℃）	温度调整系数		基准等效温度（℃）
					沥青混合料层层底拉应变、无机结合料稳定层层底拉应力	路基顶面竖向压应变	
大同	山西	22.5	-10.4	7.5	1.01	0.89	15.0
侯马	山西	26.8	-2.3	13.0	1.23	1.08	19.9
西安	陕西	27.5	0.1	14.3	1.28	1.13	20.9
延安	陕西	23.9	-5.3	10.5	1.12	0.98	17.3
安康	陕西	27.3	3.7	15.9	1.35	1.19	21.7
上海	上海	28.0	4.7	16.7	1.38	1.23	22.5
天津	天津	26.9	-3.4	12.8	1.22	1.08	20.0
重庆	重庆	28.3	7.8	18.4	1.46	1.31	23.6
台州	浙江	27.7	6.9	17.5	1.42	1.26	22.8
杭州	浙江	28.4	4.5	16.9	1.40	1.25	22.8
合肥	安徽	28.5	2.9	16.3	1.37	1.22	22.6
黄山	安徽	27.5	4.4	16.6	1.38	1.23	22.3
福州	福建	28.9	11.3	20.2	1.55	1.40	24.9
建瓯	福建	28.2	8.9	19.1	1.49	1.35	24.1
敦煌	甘肃	25.1	-8.0	9.9	1.10	0.97	17.6
兰州	甘肃	22.9	-4.7	10.5	1.12	0.98	17.0
酒泉	甘肃	22.2	-9.1	7.8	1.02	0.90	15.0
广州	广东	28.7	14.0	22.4	1.66	1.52	26.5
汕头	广东	28.6	14.4	22.1	1.64	1.50	26.1
韶关	广东	28.5	10.3	20.4	1.56	1.42	25.2
河源	广东	28.4	13.1	21.9	1.63	1.49	26.1
连州	广东	27.6	11.0	20.3	1.55	1.40	24.8
南宁	广西	28.4	13.2	22.1	1.64	1.51	26.3
桂林	广西	28.0	8.1	19.1	1.49	1.35	24.2
贵阳	贵州	23.7	4.7	15.3	1.31	1.15	20.1
郑州	河南	27.4	0.6	14.7	1.30	1.15	21.2
南阳	河南	27.3	1.7	15.2	1.32	1.17	21.4
固始	河南	28.1	2.6	16.0	1.36	1.21	22.3
黑河	黑龙江	21.5	-22.5	1.0	0.80	0.77	10.7
漠河	黑龙江	18.6	-28.7	-3.9	0.67	0.73	6.4
齐齐哈尔	黑龙江	23.0	-19.7	3.5	0.88	0.81	13.0

续表 G.1.2

地名	省（自治区、直辖市）	最热月平均气温（℃）	最冷月平均气温（℃）	年平均气温（℃）	温度调整系数		基准等效温度（℃）
					沥青混合料层层底拉应变、无机结合料稳定层层底拉应力	路基顶面竖向压应变	
沈阳	辽宁	24.9	-11.2	8.6	1.06	0.94	16.9
大连	辽宁	24.8	-3.2	11.6	1.16	1.02	18.2
朝阳	辽宁	25.4	-8.7	9.8	1.10	0.97	17.7
二连浩特	内蒙古	24.0	-17.7	4.8	0.92	0.84	14.2
东胜	内蒙古	21.7	-10.1	6.9	0.98	0.87	14.2
额济纳旗	内蒙古	27.4	-10.3	9.5	1.10	0.97	18.2
海拉尔	内蒙古	20.5	-24.1	0.0	0.77	0.76	9.8
科右前旗	内蒙古	20.8	-16.7	3.0	0.86	0.79	11.4
通辽	内蒙古	24.3	-12.5	7.3	1.01	0.90	15.7
锡林浩特	内蒙古	21.5	-18.5	3.3	0.87	0.80	12.2
石家庄	河北	26.9	-2.4	13.3	1.24	1.10	20.3
承德	河北	24.4	-9.1	9.1	1.07	0.95	16.8
邯郸	河北	26.9	-2.3	13.5	1.25	1.10	20.5
武汉	湖北	28.9	4.2	17.2	1.41	1.27	23.3
宜昌	湖北	27.5	5.0	17.1	1.40	1.25	22.7
长沙	湖南	28.5	5.0	17.2	1.41	1.26	23.1
常宁	湖南	29.1	6.0	18.1	1.45	1.31	23.9
湘西	湖南	27.2	5.3	16.9	1.39	1.24	22.4
长春	吉林	23.6	-14.5	6.3	0.97	0.87	14.9
延吉	吉林	22.2	-13.1	5.9	0.95	0.86	13.9
南京	江苏	28.1	2.6	15.9	1.35	1.20	22.1
南通	江苏	26.8	3.6	15.5	1.33	1.17	21.2
南昌	江西	28.8	5.5	18.0	1.45	1.30	23.8
赣州	江西	29.1	8.3	19.6	1.52	1.38	25.0
银川	宁夏	23.8	-7.5	9.5	1.08	0.95	16.8
固原	宁夏	19.6	-7.9	6.9	0.97	0.86	13.2
西宁	青海	17.3	-7.8	6.1	0.94	0.84	11.9
海北	青海	11.3	-13.6	0.0	0.74	0.74	5.5
格尔木	青海	18.2	-8.9	5.7	0.93	0.83	11.9
玉树	青海	12.9	-8.0	3.5	0.85	0.78	8.2
果洛	青海	9.9	-12.9	-0.3	0.73	0.74	4.7

续表 G. 1. 2

地名	省（自治区、直辖市）	最热月平均气温（℃）	最冷月平均气温（℃）	年平均气温（℃）	温度调整系数		基准等效温度（℃）
					沥青混合料层层底拉应变、无机结合料稳定层层底拉应力	路基顶面竖向压应变	
成都	四川	25. 5	5. 8	16. 5	1. 37	1. 21	21. 5
峨眉山	四川	11. 7	-5. 8	3. 4	0. 84	0. 77	7. 4
甘孜州	四川	13. 9	-4. 6	5. 7	0. 92	0. 82	10. 0
阿坝州	四川	11. 0	-10. 0	1. 7	0. 79	0. 75	6. 4
泸州	四川	27. 0	7. 6	17. 9	1. 43	1. 28	22. 9
绵阳	四川	26. 2	5. 5	16. 7	1. 38	1. 22	21. 9
攀枝花	四川	26. 4	12. 8	20. 8	1. 57	1. 42	24. 6
拉萨	西藏	16. 2	-0. 9	8. 4	1. 01	0. 88	12. 5
阿克苏	新疆	24. 2	-7. 7	10. 6	1. 13	0. 99	18. 0
阿勒泰	新疆	22. 0	-15. 4	5. 0	0. 92	0. 84	13. 4
哈密	新疆	26. 3	-10. 0	10. 1	1. 12	0. 99	18. 5
和田	新疆	25. 7	-4. 1	12. 9	1. 22	1. 08	20. 0
喀什	新疆	25. 4	-5. 0	11. 9	1. 18	1. 04	19. 1
若羌	新疆	27. 9	-7. 2	12. 0	1. 19	1. 06	20. 2
塔城	新疆	23. 3	-10. 0	7. 7	1. 02	0. 90	15. 3
吐鲁番	新疆	32. 3	-6. 4	15. 0	1. 34	1. 21	24. 1
乌鲁木齐	新疆	23. 9	-12. 4	7. 4	1. 01	0. 90	15. 7
焉耆	新疆	23. 4	-11. 0	8. 9	1. 06	0. 94	16. 8
伊宁	新疆	23. 4	-8. 3	9. 4	1. 08	0. 95	16. 8
昆明	云南	20. 3	8. 9	15. 6	1. 30	1. 13	18. 7
腾冲	云南	19. 9	8. 5	15. 4	1. 29	1. 12	18. 5
蒙自	云南	23. 2	12. 7	18. 8	1. 46	1. 29	21. 9
丽江	云南	18. 7	6. 2	12. 8	1. 18	1. 02	16. 1
景洪	云南	26. 3	17. 2	22. 7	1. 66	1. 51	25. 6
海口	海南	28. 9	18. 4	24. 6	1. 77	1. 65	27. 9
三亚	海南	29. 1	22. 0	26. 2	1. 85	1. 74	28. 8
西沙	海南	29. 3	23. 6	27. 0	1. 89	1. 79	29. 3

G. 1. 3 路面结构的温度调整系数，应根据式（G. 1. 3-1）～式（G. 1. 3-15）计算。

$$K_{Ti} = A_h A_E \hat{k}_{Ti}^{1+B_h+B_E} \quad (G.1.3\text{-}1)$$

式中： k_{Ti}——温度调整系数；下标 $i=1$ 对应沥青混合料层疲劳开裂分析，$i=2$ 对应无机结合料稳定层疲劳开裂分析，$i=3$ 对应路基顶面竖向压应变分析；

$\hat{k}_{Ti}$——基准路面结构温度调整系数，按所在地查表 G.1.2 取用；

A_h，B_h，A_E，B_E——与面层、基层厚度和模量有关的函数，按式（G.1.3-2）～式（G.1.3-13）计算：

沥青混合料层疲劳开裂：

$$A_E = 0.76\lambda_E^{0.09} \quad (G.1.3\text{-}2)$$

$$A_h = 1.14\lambda_h^{0.17} \quad (G.1.3\text{-}3)$$

$$B_E = 0.14\ln(\lambda_E/20) \quad (G.1.3\text{-}4)$$

$$B_h = 0.23\ln(\lambda_h/0.45) \quad (G.1.3\text{-}5)$$

无机结合料稳定层疲劳开裂：

$$A_E = 0.10\lambda_E + 0.89 \quad (G.1.3\text{-}6)$$

$$A_h = 0.73\lambda_h + 0.67 \quad (G.1.3\text{-}7)$$

$$B_E = 0.15\ln(\lambda_E/1.14) \quad (G.1.3\text{-}8)$$

$$B_h = 0.44\ln(\lambda_h/0.45) \quad (G.1.3\text{-}9)$$

路基顶面竖向压应变：

$$A_E = 0.006\lambda_E + 0.89 \quad (G.1.3\text{-}10)$$

$$A_h = 0.67\lambda_h + 0.70 \quad (G.1.3\text{-}11)$$

$$B_E = 0.12\ln(\lambda_E/20) \quad (G.1.3\text{-}12)$$

$$B_h = 0.38\ln(\lambda_h/0.45) \quad (G.1.3\text{-}13)$$

λ_E——面层与基层当量模量之比，按式（G.1.3-14）计算：

$$\lambda_E = \frac{E_a^*}{E_b^*} \quad (G.1.3\text{-}14)$$

λ_h——面层与基层当量厚度之比，按式（G.1.3-15）计算。

$$\lambda_h = \frac{h_a^*}{h_b^*} \quad (G.1.3\text{-}15)$$

G.2 等效温度

G.2.1 分析沥青混合料层永久变形量时，沥青混合料层的等效温度应按式（G.2.1）计算。

$$T_{pef} = T_{\xi} + 0.016h_{a} \quad (G.2.1)$$

式中：T_{pef}——沥青混合料层等效温度（℃）；

h_{a}——沥青混合料层厚度（mm）；

T_{ξ}——基准等效温度，按所在地查表G.1.2取用。

本规范用词用语说明

1　本规范执行严格程度的用词，采用下列写法：

1）表示很严格，非这样做不可的用词，正面词采用“必须”，反面词采用“严禁”。

2）表示严格，在正常情况下均应这样做的用词，正面词采用“应”，反面词采用“不应”或“不得”。

3）表示允许稍有选择，在条件许可时首先应这样做的用词，正面词采用“宜”，反面词采用“不宜”。

4）表示有选择，在一定条件下可以这样做的用词，采用“可”。

2　引用标准的用语采用下列写法：

1）在标准总则中表述与相关标准的关系时，采用“除应符合本规范的规定外，尚应符合国家和行业现行有关标准的规定”。

2）在标准条文及其他规定中，当引用的标准为国家标准和行业标准时，表述为“应符合《××××××》（×××）的有关规定”。

3）当引用本标准中的其他规定时，表述为“应符合本规范第×章的有关规定”、“应符合本规范第×.×节的有关规定”、“应符合本规范第×.×.×条的有关规定”或“应按本规范第×.×.×条的有关规定执行”。

附件

《公路沥青路面设计规范》

（JTG D50—2017）

条 文 说 明

1 总则

1.0.6 沙漠、膨胀土和盐渍土等地区特殊的土质或气候特点对路面有特殊要求，路面设计除考虑常规路面性能要求外，还要注意兼顾这些特殊要求。

3 设计标准

3.0.2 表3.0.2所列数值为对新建公路沥青路面结构设计使用年限的最低要求。扩建项目，通常要求加铺后路面与拼宽部分新建路面具有相同的设计使用年限。对运营期进行结构补强的改建项目，其路面结构设计使用年限的确定较为复杂。可考虑补强后路面达到既有路面的设计使用年限，此时改建路面结构的设计使用年限为既有路面剩余设计使用年限；也可考虑通过改建延长既有路面结构设计使用年限，此时改建路面结构的设计使用年限为既有路面剩余使用年限加上延长的年限。

3.0.3 原规范采用轴重为100kN的单轴—双轮组轴载作为设计轴载（标准轴载）。2011年对全国十余个省份的轴重数据分析表明，高速公路超载30%以上货车比例基本在10%以下，超载50%以上货车比例基本在5%以下。此外，通过轴载换算，可一定程度上考虑部分超载对路面损坏的影响。因此，本规范设计轴载仍维持不变。

3.0.4 作为对当量设计轴载累计作用次数的补充，原规范增加了交通荷载等级划分，以当量设计轴载累计作用次数和日平均货车交通量为指标，划分为四个交通荷载等级。

本规范采用多项设计指标，不同设计指标分别采用不同的轴载换算参数，从而对应不同的当量设计轴载累计作用次数。如采用当量设计轴载累计作用次数划分交通荷载等级，需针对各设计指标分别提出划分标准，应用不便。此外，不同等级公路设计使用年限不同，日平均交通量无法反映设计使用年限内累计交通量。综上，本规范以设计使用年限内累计大型客车和货车交通量之和划分交通荷载等级。

考虑到集装箱运输公路和运煤公路等货运通道在轴载、交通组成等方面的特殊性，在原规范四个交通荷载等级基础上，增加了极重交通荷载等级。

3.0.5 原规范以路表弯沉作为主导设计指标。在早期交通荷载轻、交通量小、路面薄且结构单一的背景下，路表弯沉能够较好地反映路面承载能力，控制路基永久变形，作为设计指标是合适的。随着路面结构层厚度增加和结构组合多样化，路表弯沉作为设计指标的不足逐渐显现。不同类型路面结构，弯沉值大的路面结构并不一定比弯沉值小的使用寿命短或性能差，因而弯沉值无法作为评判不同路面结构性能优劣的依据。此外，随着路面结构层数和材料组合方案增加，路面病害形式越发多样。由于路面结构类型的多样性和路面性能影响因素的复杂性，所以需要增加相应设计指标，以涵盖各种主要病害类型。

本规范采用5个单项设计指标分别控制相应路面损坏。修改了原规范沥青混合料层和无机结合料稳定层疲劳开裂预估模型，新增了沥青混合料层永久变形量、路基顶面竖向压应变和路面低温开裂指数3项指标，其中低温开裂指数适用于季节性冻土地区。

3.0.6 综合《公路技术状况评定标准》(JTG H20—2007)、壳牌（Shell）路面设计方法、美国沥青协会（AI）路面设计方法和美国力学经验法路面设计指南（MEPDG）等，本规范给出表3.0.6-1所列的对沥青混合料永久变形量的要求。

按附录B.3计算的和表3.0.6-1所规定的均是沥青混合料层永久变形量。路面车辙包括沥青混合料层永久变形、其他结构层和路基的永久变形。对无机结合料稳定类基层、水泥混凝土基层和底基层为无机结合料稳定类材料的沥青结合料类基层沥青路面，无机结合料稳定层、水泥混凝土层和路基可认为不产生永久变形，路面车辙主要由沥青混合料层永久变形产生，因此，沥青混合料层的容许永久变形量与路面容许车辙深度相同。对其他结构，包括粒料类基层和底基层为粒料的沥青结合料类基层沥青路面，路面车辙除包括沥青混合料层永久变形量外，粒料层和路基的永久变形也是重要组成部分，因此，这些结构的沥青混合料层容许永久变形量小于路面容许车辙深度。

表3.0.6-2所规定的低温开裂指数要求是路面竣工时的验收标准，只计入路面低温缩裂产生的裂缝，不包含反射裂缝和纵向裂缝。

4 结构组合设计

4.1 一般规定

4.1.1 不同路面结构组合的力学特点、功能特性、长期性能衰变规律和损坏特点存在较大差异，路面结构组合需考虑这些特性。

路基路面综合设计要求路基具有足够的承载能力和合适的干湿状态，使路面结构组合与路基承载能力、湿度条件和土质类型相适应。

全寿命周期经济合理是指在考虑初期建设成本的同时，考虑设计使用年限内需投入的养护维修成本，在此基础上，优选全寿命周期经济合理的结构组合方案。

4.1.2 我国通常将路面结构分为面层、基层、底基层和垫层。原规范赋予垫层多方面的功能，包括提高路基顶面回弹模量、防冻、排水等功能。功能不同，各功能层的厚度和材料要求有一定差异，不予以区分易引起设计和应用上的混淆。本规范对各类功能层进行了区分。

为提高路基顶面回弹模量或改善路基湿度状态而设置粒料层或无机结合料稳定层，如归入路面结构，易模糊对路基的基本要求，美国和欧洲一般归入路基。本规范借鉴这一做法，将其归入路基，称为路基改善层。对置于路面结构底部分别起防冻、排水作用的功能层，归入路面，分别称为防冻层和排水层。

4.1.3 疲劳导致的路面结构破坏是指由于行车荷载作用下结构层层底弯拉导致的疲劳开裂。对车辙、抗滑性能不足和横向裂缝等表面病害，可通过面层修复恢复路面功能，因此规定设计使用期内面层可进行表面功能修复。

4.2 路面结构组合

4.2.1～4.2.3 路面结构组合的选择需要充分考虑各种路面结构组合的材料特性和结构特性、主要损坏类型及性能衰变规律。不同结构组合的沥青路面主要损坏类型见表4-1。

无机结合料稳定类基层沥青路面承载能力高，适应于各种交通荷载等级，主要病害是无机结合料稳定层疲劳开裂和面层反射裂缝。反射裂缝处雨水、雪水渗入后容易出现唧泥、基层脱空等损坏。采用粒料底基层或设置粒料类路基改善层等，可减轻反射裂缝处的唧泥、脱空。

表 4-1 沥青路面主要损坏类型

结构类型	粒料类基层沥青路面、底基层采用粒料的沥青结合料类基层沥青路面			无机结合料稳定类基层沥青路面、底基层采用无机结合料稳定材料的沥青结合料类基层沥青路面	
沥青混合料层厚度（mm）	≥150	150～50	≤50	≥150	<150
主要损坏类型	沥青混合料层永久变形、沥青混合料层疲劳开裂	沥青混合料层疲劳开裂、沥青混合料层永久变形	车辙	车辙、基层疲劳开裂、面层反射裂缝	基层疲劳开裂、面层反射裂缝
季冻地区	面层低温开裂				

粒料类基层沥青路面无反射裂缝问题，但沥青面层承受更大的弯拉作用，沥青面层疲劳是主要损坏指标。此外，此类结构沥青面层、粒料层和路基都可能产生永久变形，需关注路面车辙问题。

沥青结合料类基层沥青路面适用各种交通荷载等级，底基层采用无机结合料稳定类材料时，性能类似于无机结合料稳定类基层沥青路面，由于沥青混合料层较厚，路面承载能力更强，且具有更好的延缓反射裂缝能力。底基层采用粒料类材料时，性能类似于粒料类基层沥青路面。

水泥混凝土基层沥青路面具有较高承载能力，适用于重及重以上交通荷载等级公路。除水泥混凝土路面常见损坏外，此类路面结构主要病害是水泥混凝土板接缝处沥青面层反射裂缝和沥青面层永久变形。

4.2.5 多雨地区的无机结合料稳定类基层和水泥混凝土基层沥青路面，路面出现反射裂缝后易发展为唧泥、脱空等，从而加速路面状况恶化。有必要采取如在无机结合料稳定类基层或水泥混凝土基层下方铺设粒料排水层或设置粒料类路基改善层等措施，减少唧泥、脱空损坏。

4.2.6 反射裂缝是无机结合料稳定类基层沥青路面常见病害，选用抗裂性能好的无机结合料稳定材料、增加沥青混合料层厚度、设置具有吸收应力或加筋作用的功能层可以起到减少或延缓反射裂缝的作用。

4.3 路基

4.3.4 路基干湿类型，根据地下水或地表长期积水影响的临界水位深度，按路基工作区的湿度来源分为三类：受地下水控制的潮湿类、受气候因素控制的干燥类和兼受地下水和气候两方面因素影响的中湿类。

4.4 基层和底基层

4.4.3 近年来再生工程实践表明，冷再生沥青混合料可实现既有路面铣刨材料的回收利用（或就地再生利用），性能可满足各交通荷载等级的基层或底基层要求。厂拌热再生沥青混合料具有与新拌沥青混合料基本相当的路用性能，与冷再生混合料相比造价较高，用作基层时，推荐用于重及重以上交通荷载等级公路。

4.4.4 为减少或延缓反射裂缝，在无机结合料稳定层与沥青结合料类材料层间可设置级配碎石层、半开级配或开级配沥青碎石层。设置级配碎石层后，需注意验算沥青混合料层疲劳开裂寿命。

4.5 面层

4.5.3 开级配沥青混合料表面层具有排水能力，降水透过表面层后沿下层顶面排出。下层通常为中粒式或粗粒式沥青混合料，易出现局部密水性不佳的情况。为避免下层水损坏，规定了开级配表面层下应设置防水层。

4.5.4 为保证混合料压实，减少施工离析，规定了沥青混合料层厚与公称最大粒径的最小比例和不同粒径混合料的最小层厚。

4.6 功能层

4.6.2 设置粒料排水层，可起到排水作用。一方面避免潮湿路基或裂隙水、地下毛细水等影响路面湿度状态；另一方面可及时排除路面内部水，避免下渗影响路基。

4.6.3 考虑到冷再生类材料对水损坏较为敏感，因此规定了冷再生类材料结构层与沥青类层之间应设置封层。

4.6.4 极重、特重和重交通荷载等级路面对层间黏结强度提出了更高的要求，因此规定宜采用改性乳化沥青、道路石油沥青或改性沥青黏层。水泥混凝土板与沥青面层间由于材料属性差异，较难形成有效黏结，故规定宜采用改性沥青黏层。

4.6.5 应力吸收层的结合料需具有较好的延展能力和黏结强度，工程上多采用橡胶沥青。近年来橡胶沥青生产设备日益普及，为橡胶沥青应力吸收层的应用提供了便利，因此，规定改性沥青应力吸收层的结合料宜采用橡胶沥青。

4.8 路面排水

4.8.2 设置具有排水功能的结构层时，为确保进入路面的水及时排出，可采用与路基同宽的形式，使水沿路基边部排出；也可设置路面边缘排水系统排水。

5 材料性质要求和设计参数

5.1 一般规定

5.1.3～5.1.4 本规范对路面材料设计参数测试方法作了调整，考虑到相关单位配置试验仪器设备和熟悉新试验方法需要一个过程，故规定了确定设计参数的不同水平。

水平一通过室内试验实测确定材料参数，需要具有一定的设备条件，设计成本高，故规定用于高速公路和一级公路的施工图设计阶段。水平二利用已有经验关系式确定设计参数，目前只有沥青混合料动态模量有对应的经验关系式。水平三参照本规范推荐的典型数值确定参数，适用于二级及二级以下公路各设计阶段和高速公路、一级公路的初步设计阶段。

5.2 路基

5.2.2 路基顶面回弹模量是指平衡湿度状态下并考虑干湿与冻融循环作用后的路基顶面回弹模量。

5.3 粒料类材料

5.3.6 粒料层除具有足够的承载能力（*CBR* 值、模量）外，还需要具有一定的疏水能力，以发挥其排水功能，故需控制碎石混合料中 0.075mm 以下颗粒含量。

级配碎石细集料多采用碎石场的细筛余料（石屑），0.075mm 以下颗粒含量高且波动大，配制的混合料 0.075mm 以下颗粒含量难以保证时，可掺入一定量的天然砂替代石屑，以降低 0.075mm 以下颗粒含量。

5.3.7 研究表明，施工完成后粒料层湿度逐渐降低，最终达到湿度平衡状态。参考美国力学经验法路面设计指南（MEPDG），引入了模量湿度调整系数，反映粒料层通车后湿度状态对模量的影响。

5.3.8 原规范设计参数取用考虑不同公路等级保证率系数的代表值。本规范在构建相关性能模型时，设计参数采用均值。因此，规定采用试验实测方法确定结构层材料参数时取用测试数据的均值。

5.4 无机结合料稳定类材料

5.4.2 过多地增加水泥剂量，会使无机结合料稳定类材料收缩开裂，进而导致路面反射裂缝增多，故需严格控制。

5.4.4 无机结合料稳定类材料强度除考虑公路等级、交通荷载等级和结构层位等因素外，尚需考虑结构层的厚度影响。工程经验和路面结构分析表明，无机结合料稳定层较薄时，路面发生疲劳开裂破坏的风险显著提高。因此，当路面结构中只有 1～2 层无机结合料稳定层时，需采用强度较高的无机结合料稳定类材料。

在满足设计要求的前提下，需注意避免无机结合料稳定类材料无侧限抗压强度标准取得过高，以免产生过多收缩裂缝导致路面反射裂缝增加。

5.4.5 交通部西部交通建设科技项目“基于多指标的沥青路面结构设计方法研究”课题对比了动态压缩回弹模量、动态弯拉模量、欧洲标准压缩回弹模量、中间段法单轴压缩弹性模量和原规范所采用的顶面法回弹模量等试验方法。结果表明，前 4 种方法的测试结果接近，能更好地反映无机结合料稳定类材料的力学特性，且中间段法单轴压缩试验操作相对简单。因此，本规范以该方法（附录 E）作为测试无机结合料稳定类材料弹性模量的标准试验方法。

5.4.6 “基于多指标的沥青路面结构设计方法研究”课题对比了无机结合料稳定类材料室内测试的弹性模量和采用落锤式弯沉仪 FWD 弯沉盆反算的结构层模量，前者约为后者的 2 倍，故引入模量调整系数，将室内弹性模量调整为路面结构层模量。

5.5 沥青结合料类材料

5.5.4 对表面层沥青混合料公称最大粒径的选择，一些地区存在误解，认为最大公称粒径越大，混合料抗车辙能力越强，抗滑性能越好。对设定的原材料，混合料抗车辙能力受级配组成、沥青用量和压实度等影响远大于公称最大粒径影响。抗滑性能主要受级配组成、构造深度和集料抗磨耗性能影响，与公称最大粒径间没有显著的相关性。同时，公称最大粒径越大，施工越容易出现离析，进而出现局部水损坏的风险就越大。综上，规定表面层沥青混合料公称最大粒径不宜大于 16.0mm。

5.5.5 临界开裂温度既能反映路面温度应力的累积效应，又能反映沥青抗拉强度。AASHTOPP42-07 技术标准采用这一指标评价改性沥青的低温性能。本规范将其作为沥青弯曲梁流变试验蠕变劲度和蠕变曲线斜率两项低温性能指标的补充。

临界开裂温度采用沥青弯曲梁流变试验（BBR）与直接拉伸试验（DT）两项试验

的结果计算得到。其计算方法为：将 BBR 试验测得的不同温度下蠕变劲度与时间的曲线 $S(t)$，利用时温等效原理得到劲度主曲线，再将劲度 $S(t)$ 变换为蠕变柔量 $D(t)$，然后进一步变换为松弛模量 $E(t)$，最后由松弛模量计算不同温度下的温度应力；通过 DT 试验测试不同温度下沥青的破坏应变与破坏强度曲线；温度应力曲线同破坏强度曲线交点所对应的温度，即为沥青临界开裂温度 T_{cr}。利用试验仪器提供的程序，可自动生成温度应力与破坏强度曲线，并得到 T_{cr}。

5.5.8～5.5.9 规定沥青混合料贯入强度要求旨在控制沥青路面车辙。交通运输部科技项目“沥青路面荷载标准”研究了不同气候条件、交通条件和路面结构状况下沥青混合料贯入强度与沥青混合料层永久变形的关系模型，在此基础上得到验算沥青混合料贯入强度的关系式。

式（5.5.8-1）和式（5.5.9-1）是考虑平均车速的情况。当车速与正常路段差异较大时，如长大纵坡路段，可根据式（5-1）和式（5-2）验算沥青混合料贯入强度。其中式（5-1）适用于无机结合料稳定类基层沥青路面、底基层采用无机结合料稳定类材料的沥青结合料类基层沥青路面和水泥混凝土基层沥青路面；式（5-2）适用于粒料类基层沥青路面和底基层采用粒料的沥青结合料类基层沥青路面。

$$R_{\tau s} \geqslant \left(\frac{0.31\lg N_{e5} - 0.38\lg v_e}{\lg[R_a] - 1.31\lg T_a - \lg\psi_s + 2.50}\right)^{1.86} \tag{5-1}$$

$$R_{\tau g} \geqslant \left(\frac{0.35\lg N_{e5} - 0.65\lg \nu_e}{\lg[R_a] + \lg\lambda - 1.62\lg T_a - \lg\psi_g + 2.76}\right)^{1.38} \tag{5-2}$$

式中：v_e——载重车平均行车速度（km/h）；

其他符号意义同式（5.5.8-1）和式（5.5.9-1）。

5.5.10 水损坏是沥青路面早期病害的主要损坏类型之一。在沥青混合料中掺入消石灰、水泥或抗剥落剂，或采用饱和石灰水处理集料，可改善集料与沥青的黏附性，提高沥青混合料的抗水损坏能力。

5.5.11 原规范沥青混合料采用 15℃或 20℃时的顶面法回弹模量，无法反映模量对温度和加载时间的依赖性。本规范采用动态单轴压缩模量，可考虑以上两项因素的影响，其中温度可反映不同地区的气候条件，加载时间可反映行车速度和沥青层厚度的影响。

加载时间在试验中以加载频率表征。根据车辆荷载沿路面深度方向的扩散，对特定的行车速度，越靠近路表加载时间越短，对应频率越高，反之则加载时间越长，频率越低。结合国外相关研究，本规范规定面层沥青混合料试验频率采用 10Hz，基层沥青混合料试验频率采用 5Hz。

试验温度取 20℃。路面结构验算时，不同设计指标不同地区温度条件的影响以温度调整系数或等效温度表征。

6 路面结构验算

6.1 一般规定

6.1.2 经过大量的工程实践和成果总结，不少地区形成了相对成熟的典型路面结构。对于公路等级不高，交通量不大的工程，可直接根据当地的经验结构选择路面结构设计方案。对于公路等级高、交通量大，或者采用当地不常用的路面结构类型时，则需按照本规范进行性能分析验证，以保证路面结构的可靠性。

6.2 设计指标

6.2.1 本规范对设计指标和参数作了调整，设计指标比原规范有所增加。

6.3 交通、材料和环境参数

6.3.2 路面结构验算时，采用路面结构层模量，即结构层材料室内测试模量乘以相应的模量调整系数。

根据不同结构层材料室内测试模量与现场结构层模量的相关性分析，沥青混合料室内测试模量与结构层模量相近；无机结合料稳定类材料室内测试模量约为结构层模量的2倍。

粒料采用平衡湿度条件下的回弹模量，即标准条件下测试的回弹模量乘以湿度调整系数。湿度调整系数的确定应符合根据本规范第5.3.7条的有关规定。

路基顶面回弹模量需进行湿度调整和干湿与冻融循环作用折减。湿度调整系数和干湿与冻融作用折减系数的确定应符合现行《公路路基设计规范》（JTG D30）的有关规定。

6.3.3 气温条件是影响路面性能的重要外部因素。根据广州、宁波、大同、哈密、齐齐哈尔、镇江和济南七地持续一年的路面温度及对应气象资料的观测分析，依据一维热传导偏微分方程和路表热流函数，求解了路面温度场和路表温度的估算模型，用于估算路面不同深度处的温度值。基于路面温度场的研究，本规范采用温度调整系数表征不同地区气候条件对路面结构层疲劳开裂和路基顶面竖向压应变的影响，采用等效温度表征对沥青混合料层永久变形的影响。

6.4 路面结构验算流程

6.4.2 路基顶面弯沉和路表弯沉是我国路基和路面验收的重要指标，其测试方法已广为熟知，测试设备较为普及。因此，弯沉虽不再作为设计指标，仍作为路基和路面的交工验收指标。

7 改建设计

7.1 一般规定

7.1.1 《公路沥青路面养护技术规范》(JTJ 073.2)等对公路路面日常养护和局部维修等已做了规定。本规范主要针对路面结构性能不足的补强设计。

7.1.2 路面经过长期运营后，不同段落路况存在一定差异，改建设计时需分段评价路况和拟定改建方案。由于路面改建工程影响因素多，尤其既有路面结构层性能评估和剩余寿命预估困难，改建设计除依据必要的计算分析外，尚需注意结合工程经验确定改建方案。

7.1.3 既有路面利用是改建设计的重要内容。为避免浪费，需详细论证和设计，充分发挥既有路面结构性能，减少不必要的开挖或铣刨；对开挖或铣刨的路面材料要积极、稳妥地再生利用，或采用就地再生技术。

7.1.4 路面改建工程中交通组织对施工组织和交通安全有重要影响，需做好施工期交通组织设计和临时安全设施设计。

7.1.5 由于既有路面状况复杂，设计阶段的调查难以准确掌握每个路段的实际路况。工程实施阶段具备更好的路况调查条件，需逐段详细调查、复核既有路面状况。现场路况与设计阶段调查有偏差时，需调整相应段落改建方案。

7.2 既有路面调查与分析

7.2.1 既有路面调查的目的是评价既有路面结构层结构性能及材料性能，分析路面病害的产生原因，提出消除病害或延缓病害发展的技术方案。由于既有路面技术状况复杂，难以提出统一的、适用于各地的既有路面调查评价方法。因此，本条只列出了路面调查应包括的主要内容，具体调查细节需结合具体工程情况确定。

7.2.2 除《公路技术状况评定标准》(JTG H20)等标准中的路况评价指标外，改建设计中，还需根据既有路面主要病害类型等因素，补充针对性的评价指标，如路面裂缝间距、纵向裂缝率、网裂面积率和修补面积率等。其中纵向裂缝率为纵向裂缝长度与车道长度的比值，网裂面积率和修补面积率分别是指网裂和修补的外接矩形面积占车道面积的百分比。以上指标需分段、分车道统计。

7.2.3 路面病害的原因、层位、破坏程度、发展趋势和可利用程度是确定既有路面处治方案的重要依据。需根据路面状况及相关影响因素，系统分析具体工程病害产生的原因和发展趋势，根据病害产生的层位和严重程度，结合交通荷载状况、气候条件和拟采用的改建方案，判断既有路面结构层可否继续利用，分析如何利用。

7.3 改建方案

7.3.2 改建设计包括既有路面处治方案设计和加铺方案设计。路面未发生结构性破坏且路表病害密度不大时，可采用局部病害处治方案，即针对病害部位和类型采取局部处治。路面病害密度较大时，病害处治工作量大且处治后路面性能整体性下降较多，或当较长段落路面发生结构性损坏时，需采用整体性处理方式。整体性处理方式主要包括直接采用较厚的结构层加铺、整段铣刨至某一结构层后加铺和就地再生后再加铺等方式。

表7-1为以往部分工程中采用的整体性处理方案的适用情况，满足所列指标之一时，可选用整体性处理方案。

表7-1 路面整体性处理方案适用条件

编　　号	指　　标	范　　围
1	路面破损率 *DR*（%）	≥10
2	裂缝间距（m）	≤15
3	网裂面积率（%）	≥10
4	修补面积率（%）	≥10
5	路表弯沉	大于弯沉临界值

表中弯沉临界值用于判别路面是否发生结构性破坏。通过实测路表弯沉值并对应弯沉检测点钻取芯样，根据芯样完整性和强度与路表弯沉值的相关性，分析对应路面结构层破坏的弯沉临界值。由于弯沉影响因素多、路面结构状况复杂，弯沉临界值与路面结构层损坏状态之间往往只能得出大致的对应关系。因此，设计阶段只能大致确定需整体性处理的路段，施工过程中需加强对设计为整体性处理路段的二次判定。判定工作可采用现场取芯方式，根据芯样完整性或强度判断对应路段是否发生了结构性破坏。

7.3.3 改建方案，可根据既有路面损坏状况和可利用程度，分为两类：一类，局部病害处治后，直接在既有路面顶面加铺一层或多层结构层；另一类，将既有路面铣刨至某一结构层或将既有路面就地再生后再加铺一层或多层结构层。

7.3.4 反射裂缝是改建工程常见问题。既有路面横向裂缝较多时，为减少和延缓反射裂缝，可以采取增加结构层厚度、增设橡胶沥青应力吸收层或土工材料夹层等防裂措施。

7.3.5 既有路面排水系统失效或设置不当，可能导致路面内部排水不良，引起水损坏，表现为唧泥、松散、坑槽等。存在此类情况时，改建设计中需重新设置排水系统或采取措施提高原排水系统的排水能力。

由于加铺层与既有路面材料的差异和施工质量的影响，加铺层与既有路面间较难形成有效联结，需重视加铺层与既有路面间黏结层和封层设计。

7.4 改建路面结构验算

7.4.1 改建设计比新建设计具有更好的条件进行交通参数调查分析，利用计重收费系统积累的交通数据和必要的现场观测，可获取更为准确的交通荷载参数数据。

7.4.2 改建后路面需达到与新建路面相同的性能要求。

7.4.3～7.4.4 根据既有路面损坏状况和加铺方案确定改建设计时是否需进行既有路面结构验算。

既有路面损坏不严重且结构性能良好时，改建设计需要利用既有路面结构性能，要求既有路面结构在设计使用年限内不发生因疲劳导致的结构性破坏。无论是直接加铺方案，还是铣刨至某一结构层或就地再生后再加铺方案，均需对既有路面和加铺层进行结构验算。既有路面各结构层的模量等设计参数采用弯沉盆反演或芯样实测方法确定。

既有路面损坏严重或结构强度明显不足时，难以使既有路面结构在设计使用年限内处于结构良好状态，改建设计时，将既有路面结构连同路基视为半无限空间体，以其顶面充当量回弹模量进行加铺结构设计。无论是直接加铺方案，还是铣刨至某一结构层或就地再生后再加铺方案，仅需对加铺层进行结构验算。

无机结合料稳定层材料具有强度长期增长的特性，现场取芯实测既有路面结构层强度时，可能会出现芯样强度大于设计强度的情况。本规范以路面建成初期的状态参数为基础建立相关性能模型，直接采用既有路面无机结合料层芯样强度进行结构验算存在一定的误差，需根据既有路面已承受的交通荷载作用次数及其损坏状况，对结构层强度适当折减。折减后强度以不超过本规范第5.4节的有关规定为宜。一些单位采用行车道处与硬路肩处芯样的强度比作为强度折减系数，有一定借鉴意义。

8 桥面铺装设计

8.1 一般规定

8.1.1 桥面铺装层起保护桥梁结构、保障行驶安全、提高行驶舒适性的作用。工程实践表明，桥面沥青混合料铺装层比路基段路面更易出现病害，需多方面采取措施保证桥面铺装性能。这些措施包括做好防排水设计，减少降水进入及滞留于铺装层；做好桥面板处理和黏结层设计，保证沥青混合料铺装层与桥面板间有效黏结；选择具有低渗透性、抗变形性能好的铺装层沥青混合料等。

8.2 水泥混凝土桥面铺装

8.2.1 桥面板铣刨和抛丸处理可以清除桥面板表面浮浆和软弱层，增强防水层的防水效果，提高层间黏结强度。桥面板处理后具有一定的构造深度可使沥青混合料铺装层与桥面板间形成更高的抗剪强度和黏结强度。

8.2.6 桥面铺装层采用的砂粒式沥青混合料层，具有防水、调平和抗疲劳等功能，一般用于铺装下层。

8.2.8 与路缘带、护栏、雨水井等构造物接触部位的沥青混合料较难压实，成为降水渗入铺装层的通道，需进行封缝处理。同时，横坡下方的这些部位容易封堵铺装层间水，需设置合适的排水措施。

8.2.9 在铺装层边缘带设置纵向盲沟，有利于排除层间水，降低水损坏的风险，需注意泄水孔高度低于铺装层底。

8.3 钢桥面铺装

8.3.2 钢桥面常采用与铺装结构相适应的防水材料。如环氧沥青混凝土铺装的防水材料多采用环氧沥青或环氧树脂，浇筑式混凝土铺装防水材料多采用橡胶沥青乳液。因此，规定防水材料选择应与铺装层材料相匹配。

附录A 交通荷载参数分析

A.1 车型分类

A.1.1～A.1.2 原规范交通组成分类采用代表车型的方法，通常将混合交通分为5～6种代表车型，分类偏少，难以充分考虑车辆组成和超载对路面的影响。

本规范在60余条公路交通参数调查基础上，根据车辆构造、轴组组成及其对路面的破坏作用，将交通组成分为11种车辆类型，并按轴载谱对不同轴重区间统计轴重分布，以更加准确地分析交通参数。

车辆类型按轴组组成命名，如“15型货车”是指前轴为1型轴，后轴为5型轴。1类车型为对路面破坏较小的小轿车或载质量较轻的小货车，路面设计时不予考虑；2类车为大客车，对路面有一定的破坏作用，需在路面设计中考虑；除1类、2类以外的其他车型都为对路面有显著作用的货车。为便于表述，将除1类车以外的2类～11类车统称为大型客车和货车。在我国，轴型3（每侧单轮胎的双联轴）、轴型4（每侧各一单轮胎、双轮胎的双联轴）和轴型6（每侧单轮胎的三联轴）所占比例非常小，为简化分析，可将之分别归类到轴型5（每侧双轮胎的双联轴）和轴型7（每侧双轮胎的三联轴）。

A.2 交通数据调查

A.2.5 车道系数为设计车道上大型客车和货车数量占该方向上大型客车和货车交通量的比例。断面交通量乘以方向系数和车道系数即为设计车道的交通量。

A.2.6 车辆类型分布系数为某一类车型数量占2类～11类车辆总数的百分比，是反映交通组成的重要参数。货车类型分布系数TTC为反映车辆组成中整体货车和半挂货车所占比例的参数。美国力学经验法路面设计指南（MEPDG）中按TTC将公路交通组成分为17类。根据对我国交通数据的分析，这一TTC分类过于烦琐，使用不便。本规范将TTC分类简化为5类，并给出了每种分类的车辆类型分布系数。

A.3 车辆当量设计轴载换算

A.3.1 轴载换算参数包括轴组系数、轮组系数和换算系数，三个参数受路面设计参数、性能模型等直接影响。根据本规范所采用的参数体系和性能模型，经过大量典型结构计算分析，得出了相应的轴组系数、轮组系数和换算系数。

非满载车和满载车以车辆总重标准划分，小于或等于车辆总重标准的车辆为非满载车，否则为满载车。车辆总重标准如下：

1）二轴货车 180kN。

2）三轴货车 250kN（三轴货车列车 270kN）。

3）四轴货车 310kN（四轴货车列车 360kN）。

4）五轴货车列车 430kN。

5）六轴及六轴以上货车列车 490kN，其中牵引车驱动轴为单轴时为 460kN。

以上车辆总重标准中，除驱动轴外，二轴组、三轴组以及半挂车和全挂车的车轴每侧轮胎按照双轮胎计算，若每轴每侧轮胎为单轮胎，限定标准减少 30kN；车辆最大允许总重超过各车轴最大允许轴荷之和时，以各车轴最大允许轴荷之和作为判别标准。

对客车（2 类车），我国目前的计重收费中大多不记录客车轴重，故对其按座位数进行了划分，划分标准是将 39 座（含 39 座）以下的客车称为非满载车，39 座以上的客车称为满载车。

当车辆各轴对应的轴重标准之和与该车对应车辆总重标准不一致时，以较小者作为非满载车和满载车分界标准。

根据不同省份 44 个公路断面交通荷载参数统计分析，得到表 A. 3. 1-2 所列非满载车、满载车比例和表 A. 3. 1-3 所列当量设计轴载换算系数。

附录 B 路面结构验算方法

B.1 沥青混合料层疲劳开裂验算

B.1.1 依据108次常应力加载模式和618次常应变加载模式疲劳试验结果，建立了沥青混合料层疲劳开裂模型。利用北京3个ALF试验路段、美国加州大学Berkeley分校6个重车模拟HVS试验路段、美国西部环道WesTrack8个试验路段、美国明尼苏达州MnROAD 10个试验路段和美国沥青技术全国研究中心NCAT 3个试验路段，共30个试验路段的沥青路面疲劳数据，对已建立的疲劳开裂模型进行了验证和修正。

季节性冻土地区冻融循环作用会对路面造成一定的损伤，从而降低路面疲劳开裂寿命。考虑这一作用，本规范在沥青混合料层疲劳开裂模型和无机结合料稳定层疲劳开裂模型中引入季节性冻土地区调整系数 k_a。

研究表明，常应变加载模式疲劳开裂模型较适用于薄沥青混合料层，常应力加载模式疲劳开裂模型较适用于厚沥青混合料层，介于中间厚度的沥青混合料层，需要在二者之间建立过渡关系，本规范引入疲劳开裂加载模式系数 k_b 进行不同加载模式间的过渡和转换。

B.2 无机结合料稳定层疲劳开裂验算

B.2.1 依据148个水泥稳定砂砾、水泥稳定碎石、水泥稳定土和石灰粉煤灰稳定碎石四种常用混合料疲劳开裂试验结果，建立了无机结合料稳定粒料和稳定土的疲劳开裂模型。

由于缺少足够的现场数据，无机结合料稳定层疲劳开裂模型的验证工作难度较大。在大量无机结合料稳定基层沥青路面结构调研基础上，归纳整理了包含公路等级、交通荷载参数和路基回弹模量等因素的不同工况下无机结合料稳定类基层沥青路面典型结构。对比调研的路面典型结构损坏状况与上述疲劳开裂模型分析结果，引入现场综合修正系数 k_c，以反映室内性能模型与现场疲劳开裂损坏间的差异。

B.3 沥青混合料层永久变形量验算

B.3.2 依据多种沥青混合料，在不同温度、压力等条件下的229个有效车辙试验结果，建立了包含荷载作用次数、温度、竖向压应力、层厚和车辙试验永久变形量等参数的沥青混合料层永久变形量预估模型，并利用国内10余条公路多年车辙数据和5个试验路段车辙数据对该模型进行了修正和验证。

考虑沥青路面不同深度处应力分布和不同沥青混合料层抗车辙性能的差异，规定分层计算永久变形量。各分层永久变形累加值与沥青混合料层总的永久变形量间的差异等，已考虑在现场综合修正系数 k_R 中。

结构分析需综合考虑路面的养护、维修工作。对交通量大、重载比例高的项目，路面设计使用年限内有时需要针对车辙进行一次或一次以上维修，此时 N_{e3} 采用通车至首次维修的期限内当量设计轴载累计作用次数。

式（B.3.2-1）假定路面现场空隙率与车辙试验试件空隙率接近，当二者差异较大时，可采用式（B-1）预估沥青混合料层永久变形量。

$$R_a = \sum_{i=1}^{n} R_{ai}$$

$$R_{ai} = 2.31 \times 10^{-8} k_{Ri} T^{2.93} p_i^{1.80} N_{e3}^{0.48} \left(\frac{V}{V_0}\right)^{0.83} \left(\frac{h_i}{h_0}\right) R_{0i} \tag{B-1}$$

式中：V——沥青混合料层施工完成后的初始空隙率（%）；

V_0——车辙试验试件空隙率（%）；

其他符号意义同式（B.3.2-1）。

B.4 路基顶面竖向压应变验算

B.4.1 路基顶面竖向压应变是粒料类基层沥青路面和底基层为粒料的沥青结合料类基层沥青路面的重要设计指标，本规范增加了这一指标。国外相关设计方法一般通过控制路基顶面竖向压应变防止路基产生过大的永久变形，并采用试验路或现场观测数据拟合竖向压应变与交通荷载参数的关系。我国粒料类基层沥青路面应用较少，缺乏足够的实测数据。为此，整理了AASHO试验路195个路面结构资料以及现时服务能力指数 *PSI* 达2.5时的轴载作用次数，反算各个结构路基顶面竖向压应变值，建立了路基顶面竖向压应变与100kN轴载作用次数间的经验关系式，经调整和修正，建立了这一模型。

B.5 沥青面层低温开裂指数验算

B.5.1 季节性冻土地区沥青路面低温开裂是常见病害。本规范采用经验法，分析了东北地区10余个路段沥青性质、路面结构、路基土质类型等与路面低温开裂状况的关系，参考加拿大Haas模型，建立了路面低温开裂指数预估模型。

B.6 防冻层厚度验算

B.6.1 大地冻深范围内路基、路面各层材料热物性系数，按厚度加权平均值计算。

B.7 设计路面结构的验收弯沉值

B.7.1 ~ B.7.2 式（7.4.4）为根据单圆荷载作用下弹性半无限空间体顶面竖向位移的理论解推导，适于路基填料为未处治材料的情况。对采用粒料或无机结合料处治材料改善层的路基，可根据路基分层情况采用弹性层状体系理论分析路基顶面竖向位移，结合分析结果和当地工程经验确定路基顶面验收弯沉值。

计算路基顶面验收弯沉值时，采用路基平衡湿度状态下的顶面当量回弹模量，即只考虑湿度调整系数，不考虑干湿与冻融循环作用后的模量折减系数。当弯沉检测时路基湿度与平衡湿度存在差异时，需进行湿度修正。

B.7.3 ~ B.7.4 计算路表验收弯沉值时，路基采用平衡湿度状态下顶面当量回弹模量乘以模量调整系数 k_l，k_l 用以协调理论弯沉与实测弯沉的差异。

计算改建路面结构的路表验收弯沉值时，路基模量调整系数 k_l 需考虑不同的改建方案。对既有路面损坏不严重且结构性能良好的路段，当路基模量为采用弯沉盆分层反算的方法确定时，k_l 取 1.0；对既有路面损坏严重或结构强度明显不足的路段，按式（7.4.4）确定既有路面路表或铣刨至某一层的既有路面结构层层顶当量回弹模量，当加铺层含有无机结合料稳定层或水泥混凝土层时，k_l 取 0.5，其他情况时，k_l 取 1.0。

沥青结合料类材料层采用 20℃ 动态压缩模量，弯沉检测时需根据路面温度状况进行温度修正。

附录 C　沥青路面结构方案

C. 0. 1　为掌握我国沥青路面常用结构，总结路面结构组合的经验和成果，2011 年对全国 17 个省份路面结构进行了调研。根据调研结果，总结归纳了无机结合料稳定类基层沥青路面和采用无机结合料稳定类底基层与沥青结合料类基层的沥青路面常用结构，列于表 C. 0. 1-1、表 C. 0. 1-2 和表 C. 0. 1-5。

由于我国缺少足够的粒料类基层沥青路面和采用粒料类底基层与沥青结合料类基层的沥青路面工程经验，主要根据国外常用结构和验算分析结果，列出表 C. 0. 1-3 和表 C. 0. 1-4。

沥青碎石基层与无机结合料稳定层之间增设级配碎石层的结构在福建等地有一定规模的应用，在减少路面裂缝方面取得了不错的效果。根据这些经验，总结提出表 C. 0. 1-6 所列结构。

附录 D　粒料类材料回弹模量试验方法

D. 5. 2　粒料类材料模量具有明显的应力依赖性，交通部西部交通建设科技项目“沥青路面设计指标和参数研究”对比了多种粒料回弹模量本构模型形式，认为美国国家公路合作研究项目“沥青路面设计中的回弹模量试验确定方法（NCHRP 1-28）”所提出的三参数模型更适于表征粒料类材料模量应力依赖的特点。本规范式（D. 5. 2）采用这一本构模型。

附录 G　温度调整系数和等效温度

分两个步骤确定温度调整系数和等效温度，首先根据气温统计资料和表 G. 1. 2 确定基准路面结构温度调整系数和等效温度，然后进行结构层厚度和模量修正，得到不同结构路面的温度调整系数和等效温度。基准路面结构分为粒料类基层沥青路面和无机结合料稳定类基层沥青路面两种结构形式：沥青面层厚度 $h_a = 180$mm，粒料基层或无机结合料稳定基层厚度 $h_b = 400$mm。沥青混合料动态模量 $E_a = 8\,000$MPa，粒料层回弹模量 $E_b = 400$MPa，无机结合料稳定层弹性模量 $E_b = 7\,000$MPa，路基回弹模量 $E_0 = 100$MPa。

不同地区基准路面结构温度调整系数和基准等效温度可参照表 G. 1. 2 确定，也可从气象部门收集不少于连续 10 年的气温数据，计算最热月平均气温、最冷月平均气温和年平均气温，按式（G-1）～式（G-3）计算。

基准路面结构温度调整系数按式（G-1）和式（G-2）计算。

$$\hat{k}_{Ti} = a_i x^2 + b_i x + c_i \tag{G-1}$$

$$x = \mu T_a + d_i \Delta T_{a.mon} \tag{G-2}$$

式中：$\hat{k}_{Ti}$——基准路面结构温度调整系数；下标 $i=1$ 对应沥青混合料层疲劳开裂分析，$i=2$ 对应无机结合料稳定层疲劳开裂分析，$i=3$ 对应路基顶面竖向压应变分析；

μT_a——所在地区年平均气温（℃）；

$\Delta T_{a.mon}$——所在地区月均气温的年极差（℃），为最热月平均气温和最冷月平均气温之差；

a，b，c，d——与验算指标有关的回归系数，按表 G-1 取值。

表 G-1　回归系数取值

设计指标	a	b	c	d
沥青混合料层层底拉应变、无机结合料稳定层层底拉应力	0. 000 6	0. 027	0. 71	0. 05
路基顶面竖向压应变	0. 001 3	0. 003	0. 73	0. 08

基准等效温度按式（G-3）计算。

$$T_{\xi} = 1.04\mu T_{a} + 0.22\Delta T_{a,mon} \tag{G-3}$$

式中符号意义同式（G-1）和式（G-2）。

现行公路工程行业标准一览表

（2024 年 8 月）

序号	板块	模块	现行编号	名称	定价(元)
1	总体		JTG 1001—2017	公路工程标准体系(14300)	20.00
2			JTG 1002—2022	公路工程行业标准制修订管理导则(18218)	40.00
3			JTG 1003—2023	公路工程行业标准编写导则(18257)	40.00
4	通用	基础	JTG B01—2014	公路工程技术标准(活页夹版,11814)	98.00
				公路工程技术标准(平装版,11829)	68.00
5			JTG 2111—2019	小交通量农村公路工程技术标准(15372)	50.00
6			JTG 2112—2021	城镇化地区公路工程技术标准(17752)	50.00
7			JTG 2120—2020	公路工程结构可靠性设计统一标准(16532)	50.00
8			建标[2011]124 号	公路工程项目建设用地指标(09402)	36.00
9			JTG F80/1—2017	公路工程质量检验评定标准 第一册 土建工程(14472)	90.00
10			JTG 2182—2020	公路工程质量检验评定标准 第二册 机电工程(16987)	60.00
11		安全	JTG B05—2015	公路项目安全性评价规范(12806)	45.00
12			JTG B05-01—2013	公路护栏安全性能评价标准(10992)	30.00
13			JTG/T 2213—2023	公路大件运输安全通行评价技术规范(18523)	60.00
14			JTG B02—2013	公路工程抗震规范(11120)	45.00
15			JTG/T 2231-01—2020	公路桥梁抗震设计规范(16483)	80.00
16			JTG/T 2231-02—2021	公路桥梁抗震性能评价细则(16433)	40.00
17			JTG 2232—2019	公路隧道抗震设计规范(16131)	60.00
18			JTG F90—2015	公路工程施工安全技术规范(12138)	68.00
19		绿色	JTG B03—2006	公路建设项目环境影响评价规范(13373)	40.00
20			JTG B04—2010	公路环境保护设计规范(08473)	28.00
21			JTG/T 2321—2021	公路工程利用建筑垃圾技术规范(17536)	40.00
22			JTG/T 2340—2020	公路工程节能规范(16115)	30.00
23		智慧	JTG/T 2420—2021	公路工程信息模型应用统一标准(17181)	50.00
24			JTG/T 2421—2021	公路工程设计信息模型应用标准(17179)	80.00
25			JTG/T 2422—2021	公路工程施工信息模型应用标准(17180)	70.00
26			JTG/T 2430—2023	公路工程设施支持自动驾驶技术指南(19031)	40.00
27	建设	勘测	JTG C10—2007	公路勘测规范(06570)	40.00
28			JTG/T C10—2007	公路勘测细则(06572)	42.00
29			JTG C20—2011	公路工程地质勘察规范(09507)	65.00
30			JTG/T C21-01—2005	公路工程地质遥感勘察规范(0839)	17.00
31			JTG/T C21-02—2014	公路工程卫星图像测绘技术规程(11540)	25.00
32			JTG/T 3221-04—2022	公路跨海通道工程地质勘察规程(18076)	70.00
33			JTG/T 3222—2020	公路工程物探规程(16831)	60.00
34			JTG 3223—2021	公路工程地质原位测试规程(17325)	100.00
35			JTG C30—2015	公路工程水文勘测设计规范(12063)	70.00
36		设计	JTG/T 3310—2019	公路工程混凝土结构耐久性设计规范(15635)	50.00
37			JTG/T 3311—2021	小交通量农村公路工程设计规范(17487)	60.00
38			JTG D20—2017	公路路线设计规范(14301)	80.00
39			JTG/T D21—2014	公路立体交叉设计细则(11761)	60.00
40			JTG D30—2015	公路路基设计规范(12147)	98.00
41			JTG/T D31—2008	沙漠地区公路设计与施工指南(1206)	32.00
42			JTG/T D31-02—2013	公路软土地基路堤设计与施工技术细则(10449)	40.00
43			JTG/T 3331-03—2024	采空区公路设计与施工技术规范(4722)	50.00
44			JTG/T 3331-04—2023	多年冻土地区公路设计与施工技术规范(18518)	80.00
45			JTG/T D31-05—2017	黄土地区公路路基设计与施工技术规范(13994)	50.00
46			JTG/T D31-06—2017	季节性冻土地区公路设计与施工技术规范(13981)	45.00
47			JTG/T 3331-07—2024	公路膨胀土路基设计与施工技术规范(4709)	60.00
48			JTG/T 3331-08—2022	盐渍土地区公路路基设计与施工技术细则(18515)	60.00
49			JTG/T D32—2012	公路土工合成材料应用技术规范(09908)	50.00
50			JTG/T D33—2012	公路排水设计规范(10337)	40.00
51			JTG/T 3334—2018	公路滑坡防治设计规范(15178)	55.00
52			JTG D40—2011	公路水泥混凝土路面设计规范(09463)	40.00
53			JTG D50—2017	公路沥青路面设计规范(13760)	50.00
54			JTG/T 3350-03—2020	排水沥青路面设计与施工技术规范(16651)	50.00
55			JTG/T 3351—2024	农村公路简易铺装路面设计施工技术细则(4767)	50.00
56			JTG D60—2015	公路桥涵设计通用规范(12506)	40.00
57			JTG/T 3360-01—2018	公路桥梁抗风设计规范(15231)	75.00
58			JTG/T 3360-02—2020	公路桥梁抗撞设计规范(16435)	40.00
59			JTG/T 3360-03—2018	公路桥梁景观设计规范(14540)	40.00
60			JTG D61—2005	公路圬工桥涵设计规范(13355)	30.00
61			JTG 3362—2018	公路钢筋混凝土及预应力混凝土桥涵设计规范(14951)	90.00
62			JTG 3363—2019	公路桥涵地基与基础设计规范(16223)	90.00
63			JTG D64—2015	公路钢结构桥梁设计规范(12507)	80.00
64			JTG/T D64-01—2015	公路钢混组合桥梁设计与施工规范(12682)	45.00
65			JTG/T 3364-02—2019	公路钢桥面铺装设计与施工技术规范(15637)	50.00
66			JTG/T 3365-01—2020	公路斜拉桥设计规范(16365)	50.00
67			JTG/T 3365-02—2020	公路涵洞设计规范(16583)	50.00
68			JTG/T D65-05—2015	公路悬索桥设计规范(12674)	55.00
69			JTG/T D65-06—2015	公路钢管混凝土拱桥设计规范(12514)	40.00
70			JTG/T 3365-05—2022	公路装配式混凝土桥梁设计规范(17885)	60.00
71			JTG 3370.1—2018	公路隧道设计规范 第一册 土建工程(14639)	110.00
72			JTG D70/2—2014	公路隧道设计规范 第二册 交通工程与附属设施(11543)	50.00
73			JTG/T D70—2010	公路隧道设计细则(08478)	66.00

序号	板块	模块	现行编号	名称	定价(元)
74	建设	设计	JTG/T D70/2-01—2014	公路隧道照明设计细则(11541)	35.00
75			JTG/T D70/2-02—2014	公路隧道通风设计细则(11546)	70.00
76			JTG/T 3371—2022	公路水下隧道设计规范(17889)	120.00
77			JTG/T 3371-01—2022	公路沉管隧道设计规范(18063)	70.00
78			JTG/T 3373—2024	公路岩溶隧道设计与施工技术规范(4831)	75.00
79			JTG/T 3372—2024	公路黄土隧道设计与施工技术规范(4821)	70.00
80			JTG/T 3374—2020	公路瓦斯隧道设计与施工技术规范(16141)	60.00
81			JTG D80—2006	高速公路交通工程及沿线设施设计通用规范(0998)	25.00
82			JTG D81—2017	公路交通安全设施设计规范(14395)	60.00
83			JTG/T D81—2017	公路交通安全设施设计细则(14396)	90.00
84			JTG/T 3381-02—2020	公路限速标志设计规范(16696)	40.00
85			JTG/T 338/1-03—2024	小交通量农村公路交通安全设施设计细则(4780)	70.00
86			JTG D82—2009	公路交通标志和标线设置规范(07947)	116.00
87			JTG/T 3383-01—2020	公路通信及电力管道设计规范(16686)	40.00
88			JTG/T L11—2014	高速公路改扩建设计细则(11998)	45.00
89			JTG/T L80—2014	高速公路改扩建交通工程与沿线设施设计细则(11999)	30.00
90			JTG/T 3392—2022	高速公路改扩建交通组织设计规范(17883)	50.00
91		通用图	JTG/T 3911—2021	装配化工字组合梁钢桥通用图(17771)	3000.00
92			JTG/T 3912—2022	装配化箱形组合梁钢桥通用图(18348)	3000.00
93		试验	JTG E20—2011	公路工程沥青及沥青混合料试验规程(09468)	106.00
94			JTG 3420—2020	公路工程水泥及水泥混凝土试验规程(16989)	100.00
95			JTG 3430—2020	公路土工试验规程(16828)	120.00
96			JTG 3431—2024	公路工程岩石试验规程(4702)	40.00
97			JTG 3432—2024	公路工程集料试验规程(4704)	100.00
98			JTG E50—2006	公路工程土工合成材料试验规程(13398)	40.00
99			JTG 3441—2024	公路工程无机结合料稳定材料试验规程(4703)	80.00
100			JTG 3450—2019	公路路基路面现场测试规程(15830)	90.00
101		检测	JTG/T 3512—2020	公路工程基桩检测技术规程(16482)	60.00
102			JTG/T 3520—2021	公路机电工程测试规程(17414)	60.00
103			JTG/T 4320—2022	公路车辆动态称重检测系统技术规范(18265)	30.00
104		施工	JTG/T 3610—2019	公路路基施工技术规范(15769)	80.00
105			JTG/T F20—2015	公路路面基层施工技术细则(12367)	45.00
106			JTG/T F30—2014	公路水泥混凝土路面施工技术细则(11244)	60.00
107			JTG F40—2004	公路沥青路面施工技术规范(05328)	50.00
108			JTG/T 3650—2020	公路桥涵施工技术规范(16434)	125.00
109			JTG/T 3650-01—2022	公路桥梁施工监控技术规程(18268)	40.00
110			JTG/T 3650-02—2019	特大跨径公路桥梁施工测量规范(15634)	80.00
111			JTG/T 3651—2022	公路钢结构桥梁制造和安装施工规范(17884)	80.00
112			JTG/T 3652—2022	跨海钢箱梁桥大节段施工技术规程(18075)	30.00
113			JTG/T 3654—2022	公路装配式混凝土桥梁施工技术规范(18231)	60.00
114			JTG/T 3660—2020	公路隧道施工技术规范(16488)	100.00
115			JTG/T 3671—2021	公路交通安全设施施工技术规范(17000)	50.00
116			JTG/T F72—2011	公路隧道交通工程与附属设施施工技术规范(09509)	35.00
117		监理	JTG G10—2016	公路工程施工监理规范(13275)	40.00
118		造价	JTG 3810—2017	公路工程建设项目造价文件管理导则(14473)	50.00
119			JTG/T 3811—2020	公路工程施工定额测定与编制规程(16083)	60.00
120			JTG/T 3812—2020	公路工程建设项目造价数据标准(16836)	100.00
121			JTG 3820—2018	公路工程建设项目投资估算编制办法(14362)	60.00
122			JTG/T 3821—2018	公路工程估算指标(14363)	120.00
123			JTG 3830—2018	公路工程建设项目概算预算编制办法(14364)	60.00
124			JTG/T 3831—2018	公路工程概算定额(14365)	270.00
125			JTG/T 3832—2018	公路工程预算定额(14366)	300.00
126			JTG/T 3832-01—2022	公路桥梁钢结构工程预算定额(18182)	40.00
127			JTG/T 3833—2018	公路工程机械台班费用定额(14367)	50.00
128	管理	执法	JTG 4110—2024	公路路政管理技术标准(4836)	60.00
129	养护	综合	JTG 5110—2023	公路养护技术标准(4639)	40.00
130			JTG 5120—2021	公路桥涵养护规范(17160)	60.00
131			JTG/T 5122—2021	公路缆索结构体系桥梁养护技术规范(17764)	60.00
132			JTG/T 5124—2022	公路跨海桥梁养护技术规范(18092)	50.00
133			JTG H12—2015	公路隧道养护技术规范(12062)	60.00
134			JTJ 073.1—2001	公路水泥混凝土路面养护技术规范(13658)	20.00
135			JTG 5142—2019	公路沥青路面养护技术规范(15612)	60.00
136			JTG/T 5142-01—2021	公路沥青路面预防养护技术规范(17578)	50.00
137			JTG 5150—2020	公路路基养护技术规范(16596)	40.00
138			JTG/T 5190—2019	农村公路养护技术规范(15430)	30.00
139		检测评价	JTG 5210—2018	公路技术状况评定标准(15202)	40.00
140			JTG 5211—2024	农村公路技术状况评定标准(4768)	50.00
141			JTG/T E61—2014	公路路面技术状况自动化检测规程(11830)	25.00
142			JTG/T H21—2011	公路桥梁技术状况评定标准(09324)	46.00
143			JTG/T J21—2011	公路桥梁承载能力检测评定规程(09480)	20.00
144			JTG/T J21-01—2015	公路桥梁荷载试验规程(12751)	40.00
145			JTG/T 5214—2022	在用公路桥梁现场检测技术规程(18168)	50.00
146			JTG 5220—2020	公路养护工程质量检验评定标准　第一册　土建工程(16795)	80.00
147		养护设计	JTG 5421—2018	公路沥青路面养护设计规范(15201)	40.00
148			JTG/T J22—2008	公路桥梁加固设计规范(07380)	52.00
149			JTG/T 5440—2018	公路隧道加固技术规范(15402)	70.00
150		养护施工	JTG/T F31—2014	公路水泥混凝土路面再生利用技术细则(11360)	30.00
151			JTG/T 5521—2019	公路沥青路面再生技术规范(15839)	60.00
152			JTG/T J23—2008	公路桥梁加固施工技术规范(07378)	40.00
153			JTG/T 5532—2023	公路桥梁支座和伸缩装置养护与更换技术规范(19038)	60.00
154		造价	JTG H30—2015	公路养护安全作业规程(12234)	90.00
155			JTG 5610—2020	公路养护预算编制导则(16733)	50.00
156			JTG/T M72-01—2017	公路隧道养护工程预算定额(14189)	60.00
157			JTG/T 5612—2020	公路桥梁养护工程预算定额(16855)	50.00
158			JTG/T 5640—2020	农村公路养护预算编制办法(16302)	70.00
159	运营	收费服务	JTG 6310—2022	收费公路联网收费技术标准(18175)	110.00
160			JTG/T 6303.1—2017	收费公路移动支付技术规范　第一册　停车移动支付(14380)	20.00
161			JTG B10-01—2014	公路电子不停车收费联网运营和服务规范(11566)	30.00
162		应急处置	JTG/T 6420—2024	公路交通应急装备物资储备中心技术规范(19437)	20.00